Carl Schroeder

Katechismus des Violoncellspiels

Verone

Carl Schroeder

Katechismus des Violoncellspiels

1st Edition | ISBN: 978-9-92500-100-2

Place of Publication: Nikosia, Cyprus

Erscheinungsjahr: 2016

TP Verone Publishing House Ltd.

Nachdruck des Originals von 1890.

Carl Schroeder

Katechismus des Violoncellspiels

Verone

Vorwort.

Mit dem vorliegenden Werke bestrebt sich der Verfasser alles das zu bringen, was ein jeder Violoncellist, ob ausübender Musiker oder Dilettant, Lehrer oder Schüler wissen muß. Auch für solche, die nicht selbst sich dem Violoncellspiel widmen, aber in ihrer Thätigkeit Fühlung mit demselben gewinnen müssen, wie Dirigenten und Komponisten, ist dies Buch berechnet. Der erste Abschnitt umfaßt das Wissenswerteste über das Instrument, dessen Ursprung, Bau, Verfertiger 2c.

Der zweite Abschnitt, weit entfernt davon, eine Schule sein zu wollen, bietet eine allgemeine Übersicht der Violoncelltechnik, wobei den Anfangsgründen eine etwas ausführliche Besprechung zu teil wird. Im dritten Abschnitt ist der Vortrag und alles, was speziell im Violoncellspiel damit zusammenhängt, behandelt. Der Anhang bringt ein alphabetisches Verzeichnis hervorragender Violoncellisten des 18. und 19. Jahrhunderts.

Im Bewußtsein, meine gesammelten Erfahrungen zum Nutzen der Kunst verwertet zu haben, hoffe ich, daß dieses Werkchen recht viel Freunde finden und seinen Zweck erfüllen möge.

Hamburg, im Oktober 1889.

Carl Schroeder.

Inhaltsverzeichnis.

I. Abschnitt.

Das Instrument.

II. Abschnitt.

Die Technik des Violoncellspiels.

III. Abschnitt.

Der Vortrag.

Anhang.

I. Abschnitt.

Das Instrument.

Ursprung der Violoncells.

Das Violoncello ist aus der Viola da Gamba (Kniegeige), welche vom 16. Jahrhundert an gebräuchlich war, hervorgegangen. Dieses Instrument hatte sechs Saiten, welche gleich der Laute in Quarten, die in der Mitte durch eine Terz getrennt waren, gestimmt wurden.

Die Viola da Gamba ist als eine Vervollkommnung der Basso di Viola (Baßgeige) zu betrachten.

Viola war zu damaliger Zeit gleichbedeutend mit Geige und hatte man außer der Baßgeige noch die Tenor-, Alt- und Diskant-Geige. Die, diesen Geigen vorausgegangenen Instrumente nannte man Fidel oder Fidula, deren Urbild die Lyra gewesen sein mag. Über den Ursprung der Streichinstrumente im allgemeinen hat etwas Bestimmtes bis jetzt noch nicht festgestellt werden können. Saiteninstrumente waren zwar schon im vorchristlichen Zeitalter gebräuchlich, doch nimmt man an, daß dieselben mit den heutigen Instrumenten nichts gemein hatten und daß man jedenfalls den Bogen noch nicht kannte. Es wird daher vermutet, daß die Erfindung desselben und der damit verbundene erste Gebrauch der **Streichinstrumente** wohl erst in den ersten Jahrhunderten der christlichen Zeitrechnung erfolgt sei.

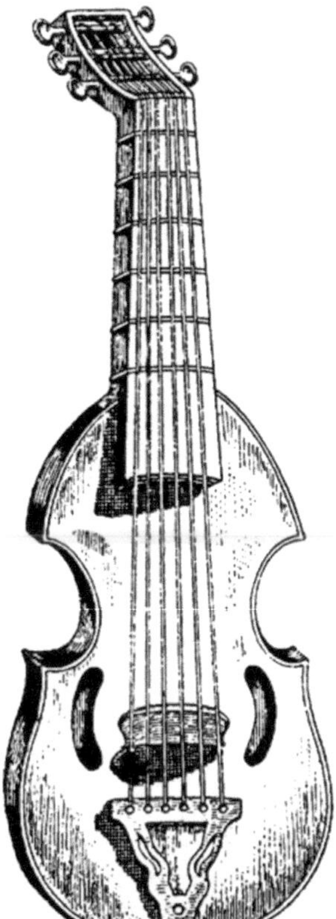

Basso di Viola.

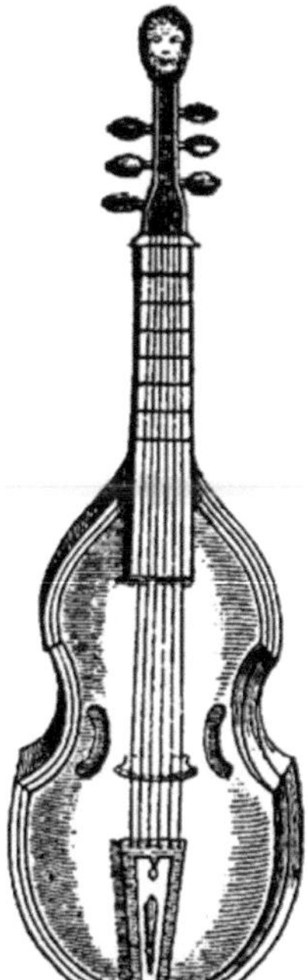

Viola da Gamba.

Diesem entgegen sind jedoch auch manche der Ansicht, daß man den **Gebrauch** des **Bogens** schon in **vorchristlichen Zeiten** gekannt hätte. Es existieren Abbildungen von **indischen** und **persischen** Bogeninstrumenten, doch ist die Zeit der Entstehung derselben wohl nicht nachgewiesen.

Die ersten Violoncelli

wurden im 16. Jahrhundert erbaut und stammen die ältesten, welche man kennt und von welchen Exemplare der heutigen Zeit erhalten geblieben sind, von dem italienischen Instrumentenbauer Gaspard da Salo in Brescia (1550 bis 1612) her. Die von manchem aufgestellte Behauptung, ein Geistlicher Namens Tardieu, Bruder eines Kapellmeisters in Tarascon, wäre ums Jahr 1708 der Erfinder des Violoncells gewesen, wird durch obige Thatsache völlig widerlegt.

Das Format der ersten Violoncelli hatte noch nicht die Größe der späteren, verbesserten Instrumente, sondern noch die der Gambe. Die sonstige Konstruktion war die der in der damaligen Zeit in Gebrauch gekommenen Violine.

Die Benennung: Violoncello.

In der ersten Zeit der Anwendung dieses Instrumentes nannte man dasselbe Violoncino, bis später allgemein Violoncello üblich wurde und auch bis jetzt gebräuchlich ist. Die Endsilben ello haben, wie auch ino eine diminutive Bedeutung. Da nun ein, in damaliger Zeit gebräuchliches Baßinstrument — dem heutigen Kontrabaß ähnlich — Violone genannt wurde, so ist Violoncello eine Verkleinerung dieses Instrumentes, wie auch Violino die Verkleinerung von Viola ist. Die jetzt allgemein übliche Benennung Cello hat demnach eigentlich gar keinen Sinn und ist dasselbe, als wollte man im Deutschen statt Kindchen, Bäumchen 2c. nur Chen sagen.

Vervollkommnung des Violoncells.

Nach Gaspard da Salo bauten Maggini (1590 bis 1640), Antonius u. Hyronymus Amati (Ende 16. und Anfang 17. Jahrhundert), Nicolaus Amati (1596—1684), Andreas Guarnerius (Mitte 17. Jahrh.), dessen Sohn und Schüler Joseph Guarnerius (1680—1730), Antonius Stradivarius (1644—1737), dessen Schüler Giuseppe Guarneri del Gesu (1683—1745) und Pietro Guarnerius (1725—1740) die besten Violoncelli, hauptsächlich Stradivarius und Guarnerius. Eine viel verbreitete Meinung ist, daß Guarneri del Gesu keine Violoncelli gebaut hätte; dies ist jedoch in neuester Zeit widerlegt, aber es sind jedenfalls nur wenige von demselben verfertigt. Es wurden eine Zeit lang zwei verschiedene Größen gebaut, bis Stradivarius dem Violoncello ein mittleres Format gab, welches das Vorbild aller späteren mustergiltigen Violoncelli wurde. Stradivarius hat überhaupt das vollkommenste und bis jetzt noch nicht übertroffene im Violoncellbau (wie im Bau der übrigen Streichinstrumente) geschaffen. Bei seinen Instrumenten ist alles vollendet schön: Ton, Format, Lackierung &c. Fast ebenso hoch werden die Instrumente von Guarnerius geschätzt, wie überhaupt die Namen Stradivarius und Guarnerius den Höhepunkt im Streichinstrumentenbau bezeichnen.

Auch Jacob Stainer (1621—1683), Schüler Amatis, hat, obgleich dies von manchem bezweifelt wird, einige Violoncelli gebaut. Verfasser dieses Buches war früher selbst im Besitz eines sehr schönen Stainer-Violoncellos, dessen Echtheit von Vuillaume in Paris anerkannt und bestätigt wurde. Jetziger Besitzer dieses Instrumentes ist der Violoncellvirtuos Max Eisenberg in Hamburg.

Von späteren Instrumentenbauern, welche gute Violoncelli lieferten, sind hier noch zu nennen: Alessandro Gagliano (1695—1725), Carlo Bergonzi (1712 bis 1750), Laurentinus Guadagnini (Ende 17. u. Anfang 18. Jahrh.), Joh. Bapt. Guadagnini (1755—1785), Grancino (1695—1730), Domenicus Montagnana (1715—1750), Ruggeri (Anfang 18. Jahrhundert), Vuillaume (1798—1875) &c.

Hervorragende Violoncellbauer der Gegenwart.

Gegenwärtig werden sehr gute Violoncelli gebaut von Hammig in Leipzig, Riechers, Neuner, Lüdemann in

Berlin, Pfab in Hamburg, Schünemann in Schwerin, Roth in Markneukirchen u. a.

Versuche zur Verbesserung der Instrumente.

Man hat in den letzten Jahrhunderten viele Versuche gemacht, die Form und Verhältnisse der Streichinstrumente zu ändern, man nahm andere Holzarten, sogar Metall, Glas und Porzellan wurde dazu verwendet. Man versuchte Änderungen mit dem Balken, Steg, Stimmstock 2c., um noch einen Fortschritt zu erzielen, allein alle diese Versuche haben nichts Wesentliches ergeben. Ein bemerkenswerter Versuch einer Änderung ist in der neuesten Zeit von dem Hofpianofortefabrikant Hagspiel in Dresden vorgenommen worden und besteht darin, daß die Resonanzdecken der Instrumente nicht ausgearbeitet, sondern aufgespannt sind, ferner, daß die Schall-Löcher sich nicht in der Decke, sondern als runde Öffnungen in den Zargen befinden. Der Ton dieser Instrumente ist ein überraschend kräftiger und voluminöser, doch erfordern sie eine eigene, etwas derbere Spielart.

Der Verfertiger geht von der Thatsache aus, daß in der modernen Orchesterinstrumentation ein klangliches Mißverhältnis zwischen Streich- und Blasinstrumenten besteht. Der Klang der Streichinstrumente wird selbst bei starker Besetzung derselben von den Blasinstrumenten oft fast erdrückt. Dies ist namentlich in den Opernorchestern, wo der Raum keine angemessene Besetzung der Streichinstrumente ermöglicht, zu beobachten, vor allem in der Instrumentation des Nibelungenringes von Wagner. Bei den Aufführungen desselben muß den Blasinstrumenten so viel Platz im Orchesterraum zur Verfügung gestellt werden, daß, anstatt die Zahl der Streicher entsprechend zu vermehren, dieselbe notgedrungen vermindert werden muß, wodurch natürlich ein großes Mißverhältnis entsteht. Eine Anzahl der von Herrn Hagspiel gebauten Instrumente — Violinen, Violen, Violoncelli und Bässe — würden möglicherweise diesem Mißverhältnis abhelfen können, da eines derselben mindestens so viel Klang giebt, wie zwei der gebräuchlichen Instrumente.

Jedenfalls hat der Verfertiger eine Anregung gegeben und den Anfang gemacht, ein richtiges Klangverhältnis im Orchester anzubahnen und ist daher seine Erfindung wohl zu beachten. Ob bereits praktische Versuche in Orchestern mit diesen Instrumenten gemacht worden sind, ist dem Verfasser nicht bekannt, doch dürften solche gewiß vorteilhafte Resultate erzielen.

Eine andere Erfindung hat in der letzten Zeit ein Herr Christoph Scheinert in Berlin gemacht. Dieselbe besteht in einem Vibrierhammer für Streichinstrumente. Dies ist ein kleines Instrument, welches unter den Steg des Violoncellos oder der Violine gebracht wird, so daß eine mit einem Hämmerchen versehene dünne, federnde Metallzunge sich zwischen dem Resonanzboden und den Saiten frei bewegt. Durch das Streichen mit dem Bogen wird der Vibrierhammer in Schwingungen versetzt, welche durch ihre, dem kleinen Hammer mitgeteilte Bewegung den Ton des Instrumentes voller gestalten und die Klangfarbe heben sollen. Autoritäten sollen das Instrument geprüft und für eine glückliche Erfindung erklärt haben.

Auch Prof. H. Ritters Erfindung des dreifüßigen Normalsteges muß hier erwähnt werden. Von der Annahme ausgehend, daß der seit einigen Jahrhunderten gebräuchliche Steg die an ihn gestellten Bedingungen, die Schwingungen der Saiten auf den Resonanzboden zu übertragen, nicht aufs äußerste erfüllt, da die beiden Zwischensaiten stets matter klingen wie die Außensaiten, hat Herr Prof. Ritter einen Mittelstützpunkt des Steges auf dem Resonanzboden konstruiert. Dieser Mittelfuß soll nun die Wirkung haben, daß die Zwischensaiten in gleicher Intensität tönen, wie die beiden Außensaiten. In seiner diesbezüglichen Broschüre (Würzburg, Georg Hertz) beweist Herr Ritter, daß sein dreifüßiger Steg nicht allein das Resultat ästhetischer, sondern auch wissenschaftlicher Erwägung ist.

Versuch der Wiederauffindung des mutmaßlichen Geheimnisses der italienischen Instrumentenbauer.

Da man, trotz gewissenhaftester und getreuester Nachbildung der italienischen Instrumente in allen ihren Teilen und Verhältnissen, dieselben doch nicht erreicht hat, so hat sich die Ansicht viel verbreitet, daß ein, nur den italienischen Meistern bekannt gewesenes Geheimnis im Streichinstrumentenbau verloren gegangen sei, und es haben sich schon manche zur Aufgabe gemacht, dieses Geheimnis wieder zu entdecken.

Ein Fabrikant in Aachen, Namens Niederheitmann, welcher Violindilettant war und eine reiche Sammlung wertvoller alter Violinen besaß, glaubte das Geheimnis wieder aufgefunden zu haben und zwar sollte dasselbe in einer Imprägnierung des Holzes bestehen. Den Stoff zur Imprägnierung sollte das Harz einer in der Nähe von Cremona wachsenden Fichtenart geliefert haben, oder die Instrumente überhaupt aus dem Holze derselben gebaut sein. Diese Fichte (Balsamfichte) soll durch das Abzapfen ihres Harzes ganz eingegangen und dadurch die Lösung des Rätsels, weshalb die späteren Instrumente trotz genauester Nachbildung die alten italienischen im Klange nicht erreichten, gefunden sein. Ein Freund Niederheitmanns, der Konzertmeister Henry Schradieck (früher in Leipzig), interessierte sich sehr für diese Entdeckung, und da man eine ähnliche harzige Substanz in den Apotheken haben konnte, so machte derselbe mit Hilfe des Herrn Hammig in Leipzig viele Versuche mit dieser Imprägnierung, wobei auch einige überraschende Resultate erzielt wurden, welche jedoch nicht von langer Dauer waren.

Herr Schradieck, welcher später nach Amerika ging und wußte, daß die Balsamfichte daselbst noch wächst, ruhte nun nicht, bis er diesen Baum auffand und war der Meinung, daß Instrumente, aus dessen Holz gefertigt, die alten italienischen wieder erreichen werden. Es sind nun auch bereits verschiedene Instrumente aus dem Holz der Balsamfichte gebaut worden, doch scheinen sich die schönen Hoffnungen, welche man hierauf hegte, noch nicht erfüllt zu haben. Herr Schradieck, welcher vor kurzem nach Deutschland zurückkehrte, ist auch bereits von seinem Irrtum überzeugt.

Imitationen alter italienischer Violoncelli.

Von manchen Instrumentenmachern sind die alten italienischen Violoncelli, wie auch die Violinen, so täuschend nachgemacht, in Bezug auf Form, Holz, Lack und Altersaussehen, daß es sehr schwierig ist, die echten von den unechten zu unterscheiden. Dies wird noch schwieriger, wenn das imitierte Violoncello auch einen verhältnismäßig guten Klang hat. Es gehört ein sehr geübter, scharfer Kennerblick dazu, die Echtheit oder Unechtheit eines Instrumentes festzustellen und mag wohl schon mancher, der im Glauben war, ein echtes altes italienisches Instrument gekauft zu haben, nur eine Imitation davon besitzen. Selbst die im Inneren befindlichen Inschriften werden täuschend nachgeahmt und kann man dieselben bogenweise kaufen.

Inschriften verschiedener italienischer Instrumentenmacher.

Nicolaus Amati Cremonen. Hieronimi.
filii Antonii nepos fecit Anno 16

Francescus Ruggeri detto il per
in Cremona dell' Anno 16

Antonius Straduarius Cremonensis
Faciebat A.° 17

Hieronÿmus Amatus Cremonen.
Nicolai Figlius Fecit 17

Joannes Baptista Guadagnini Ple
centinus fecit Mediolani 17

Iosephus Matth Albanus
fecit Bulsani in Ferole Anno 17

Ianuarius Gaglianus Allimnus Antonii
Straduarius fecit Neapoli Anno 17

Joseph Guarnerius, Andræ nepos. Cremonæ 17 ✠ IHS

Bestandteile des Violoncellos.

Die Hauptbestandteile des Violoncellos sind: Der Körper, von dem der obere Teil mit den darin befindlichen Schall- oder F-Löchern: die Decke, der untere: der Boden, die Seitenteile: die Zargen genannt werden; der Hals, der Kopf, bestehend aus dem Wirbelkasten mit den vier Wirbeln und der Schnecke, das Griffbrett, der Steg, die Sattel, die Saiten, der Saitenhalter, der Knopf, an welchem der Saitenhalter unten befestigt ist, der Stachel, als Stütze des Instruments, und im Inneren der Stimmstock und der Baßbalken.

Zweck des Stimmstockes und des Baßbalkens.

Der Stimmstock, welcher sich unter dem rechten Fuße des Steges befindet, unterstützt den, von der Saitenspannung entstehenden Druck des Steges auf die Wölbung der Decke und ihm entspricht, das Gleichgewicht haltend, auf der anderen Seite unter dem linken Fuße des Steges, der Baßbalken.

Beide sind für die Resonanz von größter Wichtigkeit. Der Stimmstock setzt durch seine Verbindung der Decke mit dem Boden alle Teile des Instrumentes in Vibration und die Tonschwingungen strahlen durch seine Vermittelung nach allen Punkten hinaus.

Außenansicht des Violoncellos.

Modell nach Stradivarius, gebaut von Pfab in Hamburg.

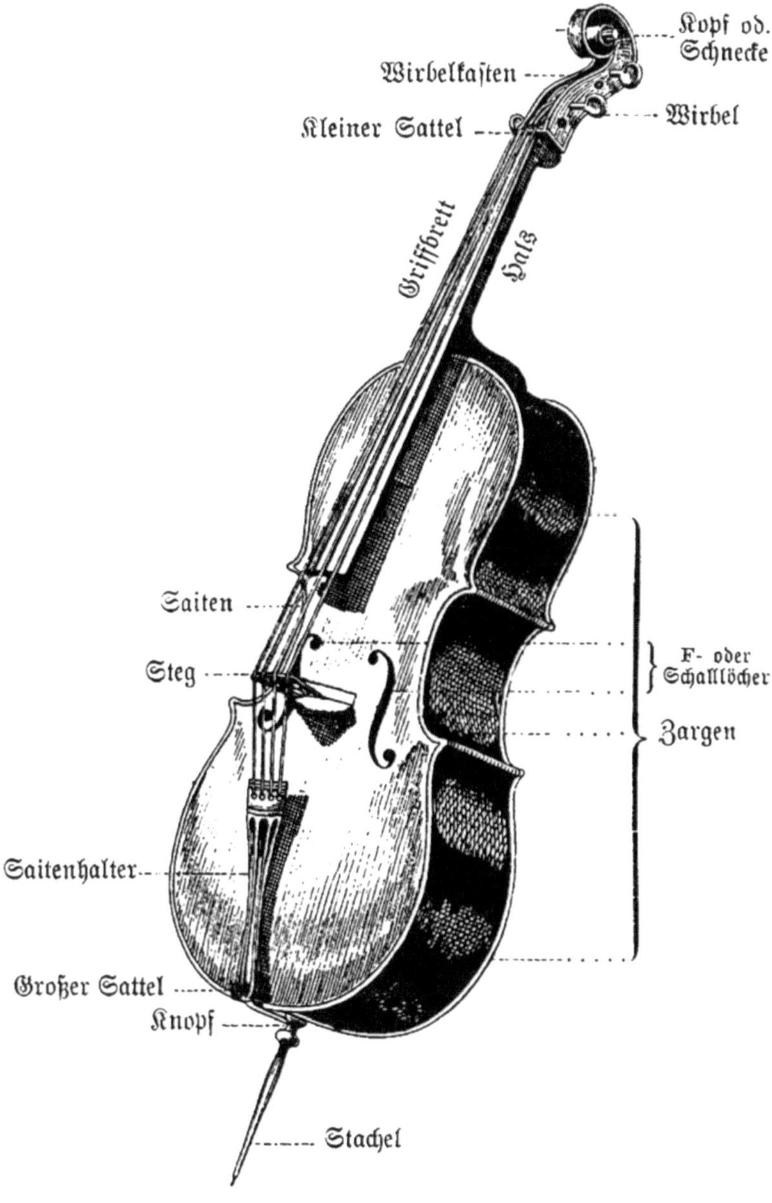

Innenansicht.

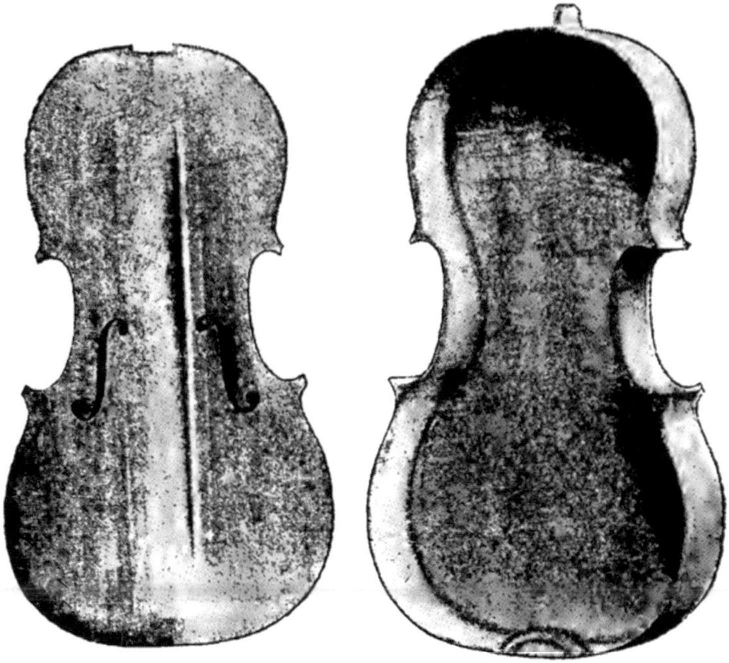

Früher wurden die zwei Teile des Bodens durch kleine Klötzchen zusammengehalten, jetzt wendet man dieselben nicht mehr an, sondern läßt den Leim das einzige Verbindungsmittel sein.

Stellung des Steges.

Der Steg, dessen Füße genau der Deckenwölbung angepaßt sein müssen, wird so gestellt, daß seine beiden Füße den unteren Einschnitten der F-Löcher gegenüber stehen. Durch den, vom Spielen noch erhöhten Druck der Saiten hat der Steg die Neigung sich nach vorn über zu beugen. Um dies zu verhüten, muß man öfter darnach sehen und ihn eventuell mit dem Daumen und Zeigefinger, zwischen deren Spitzen die Saiten liegen müssen, bei jeder Saite zurückdrücken. Die Stellung des Steges kann von vornherein eher etwas schräg nach rückwärts, dem Saitenhalter zu, als nach vorwärts sein.

Gewicht des Druckes auf die Resonanzdecke.

Durch die fortwährenden Einwirkungen des Zuges und des Druckes der Saiten auf die Resonanzdecke erhält dieselbe eine Belastung von ca. 50 Kilo. Gegen diesen Druck übt das eigentlich leicht zerbrechliche Instrument einen bewunderungswürdigen Widerstand aus, ein Beweis für die Vortrefflichkeit der sinnreichen und doch einfachen Konstruktion des Violoncells.

Der Stachel.

Der Stachel wird, wenn er von Holz mit unten eingefügter Eisenspitze ist, in den Knopf gesteckt oder geschraubt. Ist der Stachel ganz von Eisen, so wird derselbe so angebracht, daß er bei Nichtbenutzung in das Innere des Violoncellos zurückgeschoben werden kann.

Das Griffbrett.

Die obere Fläche des Griffbrettes darf vom Sattel nach dem Steg hin nicht in einer geraden Linie gearbeitet, sondern muß nach der Mitte zu unmerklich nach innen gebogen sein. Es wird hierdurch das Aufschlagen und Schnarren der Saiten verhindert. Das Griffbrett muß ferner so lang sein, daß auf seinem äußersten Ende nächst dem Stege noch das

zu greifen ist. Wenn sich vom vielen Greifen Rinnen von den Saiten auf dem Griffbrett bilden, muß man es vom Instrumentenmacher abziehen lassen.

Größe der Violoncelli.

Das Violoncello mißt in der Länge des Korpus ca. 75 cm, in der Breite oberhalb 35 cm, unten 44 cm.

Die Höhe der Zargen beträgt ca. 13 cm. Die Entfernung vom oberen Rand des Körpers bis zu den inneren Einschnitten der F-Löcher muß 40 cm betragen. Die Stärke des Bodens beträgt in der Mitte unter der Steggegend ein zweiundsiebzigstel seiner Länge. An den Seiten wird der Boden zungenartig schwächer.

Es werden drei verschiedene Größen gebaut, die man ganze, dreiviertel und halbe Violoncelli nennt. Letztere dienen zum Gebrauch für Kinder.

Beim Ankauf eines Violoncellos für junge Schüler muß man besonders darauf achten, daß dasselbe nicht zu weitgriffig und zu groß ist und daß es eine richtige Mensur, d. h. eine richtige mathematische Einteilung in allen Teilen hat, wovon man sich durch das festgesetzte Maß, welches jeder Instrumentenmacher besitzt, überzeugen kann.

Das Holz der Violoncelli.

Zur Verfertigung der Violoncelli werden folgende Holzarten gebraucht: Fichtenholz zur Decke, Balken, Stimme; Bereifung und Klötzchen; Ahornholz für: Boden, Zargen, Hals, Kopf und Steg: Ebenholz für: Wirbel, Sattel, Griffbrett, Saitenhalter und Knopf. Der Steg wird auch aus Linden- oder altem Buchenholz gefertigt.

Der Lack.

Das Lackieren der äußeren Teile des Violoncells dient nicht nur zur Verschönerung des Aussehens, sondern es wird dadurch etwaige Feuchtigkeit abgehalten und ist auch nicht ohne Einfluß auf den Ton. Man verwendet zwei Arten von Lack: Spirituslack — die Lösung eines Harzes in Weingeist und Öllack — die Lösung eines Harzes in Terpentin-Öl. Der Spirituslack giebt den Instrumenten einen hellen, scharfen, der Öllack einen dicken, weichen Ton. Ein schöner Lack muß durchsichtig sein, damit das Holz unter demselben vollständig zur Geltung kommt, muß auch einen lebendigen, doch nicht prahlenden Farbenton besitzen. Den schönsten Lack haben die Stradivariusvioloncelli.

Die Saiten.

Die Saiten des Violoncells werden aus Schafdärmen angefertigt, die beiden unteren mit Draht übersponnen, wozu der Silberdraht am geeignetsten ist. Es wird zwar auch viel Kupferdraht verwendet, da dieser sich bedeutend billiger stellt; der Silberdraht ist jedoch vorzuziehen, da er einen helleren Klang giebt, keinen Grünspan ansetzt und nicht durch längeren Gebrauch rot und unansehnlich wird. Die besten Saiten bezieht man aus Italien (Rom, Padua, Mailand, Neapel), doch werden auch in Deutschland (Markneukirchen, Regensburg, Mittenwald) sehr gute angefertigt. Die Güte einer Saite besteht hauptsächlich darin, daß sie ganz gleichmäßig gesponnen und an jeder Stelle gleich stark ist; vor allem dürfen keine Knötchen darin sein. Eine ganz gleichmäßig gesponnene Saite macht regelmäßige Schwingungen und ist daher rein im Ton.

Um sich von der Tonreinheit einer Saite zu überzeugen, erfaßt man dieselbe, ehe man sie aufzieht, an beiden Enden, zieht sie ein wenig straff und setzt sie dann mit einem Finger in Schwingung. Wenn man nun dabei die Saite doppelt sieht, wie hier angegeben,

so hat sie einen reinen Ton, sieht man dieselbe jedoch dreifach, wenn auch nur an einigen Stellen, so ist sie unrein.

Quintenreine Saiten.

Um absolut rein intonieren zu können, müssen die Saiten auch quintenrein sein, d. h. die gegenüberliegenden Töne, welche mit einem Finger auf zwei Saiten gegriffen werden, müssen haarscharf stimmen. Dies ist namentlich im Daumenaufsatz durchaus notwendig. Manche Seite ist an einem

Ende etwas stärker, als am anderen; ist dies nun bei der danebenliegenden Saite nicht der Fall, oder wird das stärkere Ende derselben mit dem der ersten Saite nicht nach einer Richtung hin aufgezogen, so sind beide Saiten nicht quintenrein zusammen. Hierzu müssen also entweder beide Saiten von einem Ende bis zum anderen gleichmäßige Stärke haben, oder die davon abweichenden Enden werden in eine Richtung gebracht. Im letzten Falle sind jedoch nicht alle Doppelgriffe rein, auch merkt man bei Doppelgriffen (außer Quinten), daß das Intervallverhältnis nicht gleichmäßig ist auf beiden Saiten. Es wird von Saitenfabrikanten und Instrumentenmachern ein Verfahren angewendet, vermittels dessen die Saiten ganz quintenrein hergestellt werden. Diese präparierten Saiten sind jedoch nicht so haltbar, auch nicht so gut im Klange, wie die unpräparierten. Immerhin ist es zweckmäßig, auch von jenen stets einige vorrätig zu haben.

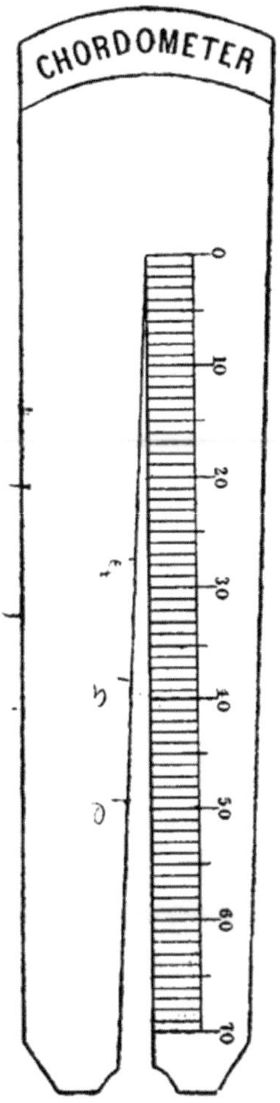

Der Saitenmesser.

Um stets gleich starke Saiten benutzen zu können, bedient man sich eines Saitenmessers (Chordometer), welcher bei jedem Instrumentenmacher zu haben ist.

Aufbewahrung der Saiten.

Um die Saiten frisch zu erhalten, ist es ratsam, dieselben in Ölpapier zu schlagen und dann in einer luftdicht verschließbaren Blechdose aufzubewahren. Auf diese Weise kann man die Saiten oft jahrelang gut und brauchbar erhalten.

Der Bogen.

Derselbe hat seine Benennung nach seiner alten gebogenen Form, welche vielfache Veränderungen erfahren hat, bis die heutige Gestalt erreicht wurde.

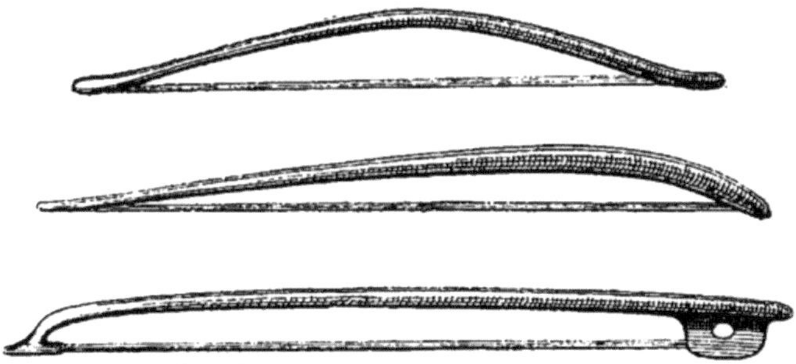

Gambenbogen aus dem 16. Jahrhundert.

Violoncellbogen aus dem Anfang des 18. Jahrhunderts.

Die größte Vollkommenheit des Bogens erzielte der Franzose François Tourte Ende des 18. Jahrhunderts. Seine Bögen besitzen die größte Elastizität und Festigkeit, wobei sie die gefälligste Bauart haben. Nächst Tourte arbeiteten Vuillaume in Paris, John Dott in England und L. Bausch in Leipzig die besten Bögen. Gegenwärtig sind die bedeutendsten Bogenmacher S. Tubbs in London, Knopf in Dresden, F. N. Voirin in Paris. Auch in Markneukirchen werden vorzügliche Bögen verfertigt.

Jetziger Violoncellbogen und seine Bestandteile.

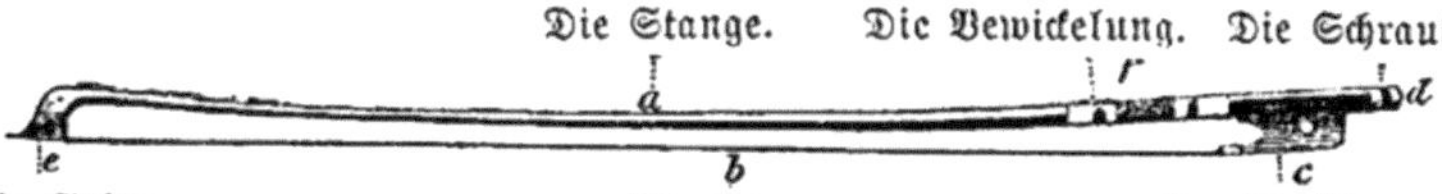

Die Stange wird aus Fernambukholz gefertigt, die Spitze oder der Kopf ist unten mit einer Elfenbeinplatte versehen, die Haare werden weißen Pferdeschweifen entnommen und sind die von lebenden Pferden, namentlich Schimmelhengsten, die besten, aber am seltensten zu haben. Der Frosch am unteren Ende der Stange ist aus Ebenholz; über dem hervorstehenden Teile nächst den Haaren ist ein Schieber von Silber oder Neusilber angebracht, welcher die Haare vermittels eines innen befindlichen kleinen Holzkeiles auseinander hält. Die Schraube befestigt den Frosch an die Stange, indem das Gewinde durch eine kleine eiserne Öse, welche am Frosch angebracht ist, läuft, und dient dazu, der Stange die nötige Spannkraft zu geben. Die Bewickelung hat den Zweck, den Fingern eine sichere Fühlung zu geben und die Stange vor Abnutzung zu schützen. Es wird zur Bewickelung Seide, Silberdraht oder Leder genommen.

Kolophonium.

Um die Saiten in Schwingung setzen zu können, müssen die Haare des Bogens mit Kolophonium, einer aus Fichtenharz präparierten Masse, bestrichen werden. Seine Benennung hat das Kolophonium von der griechischen Stadt Kolophon, aus welcher es zuerst bezogen wurde. Hat man einen neuen Bogen, dessen Haare noch nicht bestrichen sind, so muß vermittels einer kleinen Bürste pulverisiertes Kolophonium hineingerieben werden. Vor dem Gebrauch des Bogens müssen die Haare auf einem außer Benutzung befindlichen Instrumente oder auf einer irgendwo aufgespannten Saite abgespielt werden.

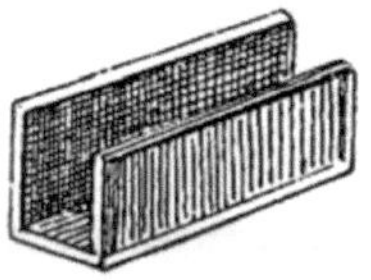

Beim gewöhnlichen Bestreichen der Haare achte man darauf, daß man das Kolophonium nicht fest aufdrückt, sondern leicht über die Haare gleiten läßt. Es ist sehr gebräuchlich, das Kolophonium beim Bestreichen der Haare in die linke — und den Bogen in die rechte Hand zu nehmen. Hierbei setzt sich jedoch an die Finger der linken Hand leicht Kolophoniumstaub an, was dem Greifen dann sehr hinderlich ist und auch die Saiten und das Griffbrett beschmutzt. Man thut besser, diese Prozedur umgekehrt vorzunehmen.

Gutes Kolophonium liefern Bernadel und Gand in Paris, Hammig in Leipzig, Pfab und Diel in Hamburg u. a. Die zweckmäßigsten Behälter für das Kolophonium sind die, welche an zwei Seiten offen, außerdem aber noch mit einem Deckel versehen sind.

Violoncellokasten.

Zu einem guten Violioncello gehört auch ein guter Kasten oder Etuis, um dasselbe gegen Staub, Feuchtigkeit ꝛc. zu schützen. Der Kasten, welcher von gutem, trockenem Holze sein muß, wird innen so gepolstert, daß das Instrument fest steht und doch leicht herauszunehmen ist. Zweckmäßig ist es, den Kasten noch mit einer Lederumhüllung versehen zu lassen, durch welche etwaige Stöße abgehalten oder abgeschwächt werden können. Die besten Violoncellkasten bezieht man auch meistens aus Paris, doch werden in Markneukirchen ebenfalls sehr gute gearbeitet.

Preise der Violoncelli.

Den reellen Preis eines Violoncellos, namentlich eines alten, zu bestimmen, ist nicht leicht, auch kommen hierbei besondere Liebhabereien und Gewöhnungen mit in Frage. Die besten alten Violoncelli, wie Stradivari und Guarneri, werden in unserer Zeit sehr teuer bezahlt — 6—30000 Mark und darüber. Amati-Violoncellos sind schon billiger und kosten ungefähr 3—10000 Mark. Andere italienische Instrumente werden, je nachdem sie gut erhalten sind, bis zirka 900 Mark abwärts bezahlt. Neue Violoncelli von renommierten Instrumentenbauern kosten 3—700 Mark, doch kann man oft schon von 100 Mark an sehr brauchbare Instrumente erhalten, z. B. in Markneukirchen von Roth u. a.

Preise der Violoncellokasten.

Kasten oder Etuis kosten 20—100 Mk. Bei letztem Preise ist die Lederumhüllung mit inbegriffen.

Preise der Bögen.

Die Bögen von Tourte werden jetzt bis zu 500 Mk. und darüber bezahlt. Neue Bögen I. Qualität, mit Silberbeschlag, kosten 24—36 Mark, mit Neusilberbeschlag 12—18 Mark. Geringere Qualitäten erhält man bis zu 4 Mark abwärts. Der Wert eines Bogens steigt für den Besitzer, wenn sich der Bogen als fest, elastisch, für alle Stricharten gut geeignet und zuverlässig bewährt hat.

Instandhalten des Instrumentes.

Es ist sehr wichtig, das Instrument stets ordentlich und sauber zu halten, auch müssen sich alle Teile desselben immer im richtigen Zustand befinden. Den durch das Kolophonium entstehenden Staub entferne man nach jedesmaligem Spielen von der Decke, dem Griffbrett und Stege mit einem weichen Tuche. Die Saiten, das Griffbrett und den Hals reibt man dann mit einem andern, seidenen Tuche ab, wobei zu beachten ist, daß man die Saiten nicht hin und her, sondern immer nur nach einer Richtung hin abreibt, da sonst leicht Fasern an denselben entstehen. Sind die Saiten vom Transpirieren der Finger schmutzig, so reibt man die beiden oberen mit etwas Mandelöl, oder einer eingekerbten Mandel ab. Die unteren Saiten reinigt man mit Spiritus oder durch Abreiben mit feinem Sandpapier. Die Kolophoniumkruste auf der Strichfläche der Saiten entfernt man mit Spiritus, wobei man sich jedoch vorsehen muß, daß davon nichts auf die Decke tropft, da dies dem Lack schädlich sein kann.

Um den Hals recht glatt zu erhalten, ist es zweckmäßig, denselben zeitweilig mit pulverisiertem Bimstein, in ein kleines, feines Mullbeutelchen gethan, abzureiben. Den im Innern des Violoncells sich ansammelnden Staub entfernt man dadurch, daß man erwärmte Körner in dasselbe hineinschüttet, das Instrument dann damit umherschwenkt, worauf beim Herauslassen der Körner aus den F-Löchern der Staub mit herauskommt.

Die **Wirbel** muß man, damit sie leicht gedreht werden können und doch festhalten, an den Stellen, welche im Wirbelkasten stecken, öfter mit alter, trockener Seife und darüber mit Kreide bestreichen.

Reinigen der Bogenhaare.

Sind dieselben schmutzig geworden, so schraube man den Frosch von der Stange ab und wasche die Haare mit warmem Wasser und Seife aus. Dann spüle man sie mit kaltem Wasser nach und hänge den Bogen zum Trocknen auf. Fettflecke entfernt man aus den Haaren durch Reiben mit Salz in Löschpapier.

Benennung und Stimmung der Saiten.

Die vier Saiten des Violoncells werden in **reine Quinten** gestimmt. Die erste ist die A-Saite (Ima), die zweite die D-Saite (IIda), die dritte die G-Saite (IIIza) und die vierte die C-Saite (IVta)

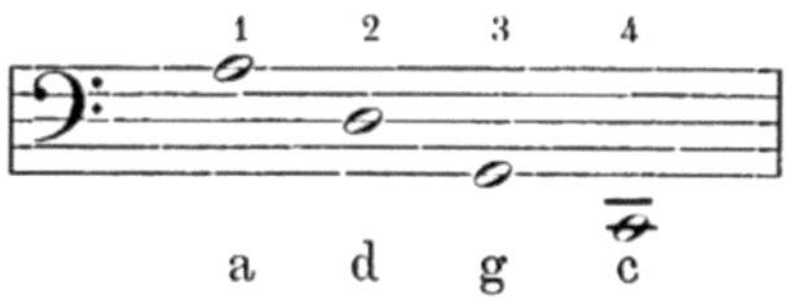

Tonumfang des Violoncellos.

Der Tonumfang des Violoncellos beträgt ca. 5 Oktaven, vom c der leeren vierten Saite

bis

auf der A-Saite.

Im Orchester wird, außer höher klingenden Flageolettönen, der Umfang gewöhnlich nur bis

benutzt.

Notierung der Violoncellnoten.

In den unteren Lagen werden die Noten im Baßschlüssel, in den mittleren im Tenorschlüssel und in den oberen im Violinschlüssel geschrieben. Die Anwendung des Altschlüssels kommt nur noch ganz vereinzelt vor. In älteren Kompositionen sind die Noten im Violinschlüssel häufig eine Oktav höher notiert, als sie klingen sollen, in neueren jedoch so, wie die Klangwirkung ist.

II. Abschnitt.

Die Technik des Violoncellspiels.

Sitz des Spielers.

Es ist, je nachdem der Spieler von großer oder kleiner Figur ist, ein höherer oder tieferer Sitz nötig. Man nimmt nicht die ganze Sitzfläche des Stuhles ein, sondern setzt sich auf den vorderen Rand desselben.

Haltung des Violoncells.

In früheren Zeiten hielt man das Violoncell in der Weise, daß man es zwischen die Waden klemmte, wodurch dasselbe eine ziemlich steile Stellung und die ganze Haltung etwas steifes bekam. Jetzt bedient man sich eines Stachels, welcher unten in den Knopf gesteckt wird. Die Haltung wird dadurch ungezwungener und bequemer, auch verhütet

man dadurch die, durch das Anpressen der Waden an die Zargen entstehende, Verhinderung der freien Tonentfaltung.

Bei Benutzung eines Stachels stellt man das Instrument so zwischen die Beine, daß es eine schräge Rich=

tung erhält. Diese wird dadurch fixiert, daß die beiden Wirbel der G- und C-Saite sich ungefähr dem linken Ohre gegenüber befinden müssen. Ferner muß der Spieler die

A- und D-Saite in ihrer ganzen Länge als nebeneinander liegend übersehen können.

Die Beine hält man so, daß das rechte Knie sich an die Zargen, das linke sich an den unteren Rand derselben legt.

Das rechte Knie wird etwas tiefer gestellt als das linke, damit es dem Bogenstrich nicht hinderlich ist, wodurch auch der rechte Fuß ein wenig mehr zurück kommt und nicht mit der ganzen Fußsohle aufgesetzt wird, wie der linke.

Die Haltung der linken Hand und des linken Armes.

Man legt den Daumen mit dem fleischigen Teile nächst der Kuppe flach unter den Hals des Instrumentes, so daß die Spitze nicht unter demselben hervorsteht. Die Innenseite der Hand hält man vom Griffbrett entfernt, so daß die Finger leicht und natürlich gekrümmt von oben herab auf die Saiten fallen können. Die Fingergelenke müssen nach außen hin durchgedrückt werden und nicht, wie es bei schwächlichen Fingern zu beobachten ist, einknicken. Der Oberarm und Ellenbogen liegen nicht am Körper, sondern stehen in einiger Entfernung davon ab. Das Handgelenk wird leicht nach außen gebogen und erhält beim Greifen auf den tieferen Saiten eine noch etwas größere Biegung. Um dem Daumen den richtigen Platz in der unteren, ersten Lage zu geben, setzt man den ersten Finger auf das e, und den zweiten Finger auf das f der D-Saite,

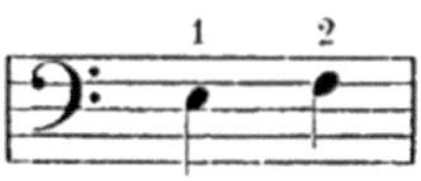

legt dann dem Zwischenraum der beiden Finger vis-à-vis den Daumen unter den Hals.

Die Haltung des Bogens.

Den Daumen der rechten Hand setzt man mit seiner Spitze an den Rand des Frosches unterhalb der Bewickelung, wobei zu beachten ist, daß der mittlere Knöchel nicht nach einwärts, sondern eher nach auswärts gebogen wird. Der Zeigefinger ruht am ersten Gelenk auf der Stange, der Mittelfinger wird so gelegt, daß seine Spitze die Haare dicht am Frosch berührt, der kleine Finger muß so auf der Stange liegen, daß, wenn man den Mittelfinger aufhebt, der Bogen nicht aus der Hand gleitet, sondern fest gehalten wird. Der noch übrige Finger findet dann seinen Platz von selbst.

Haltung der rechten Hand und des rechten Armes.

Nachdem man die Finger am Bogen in ihre richtige Lage gebracht hat, giebt man der ganzen Hand eine leicht gekrümmte Haltung, wobei zu beachten ist, daß die Knöchel nicht zu spitz heraussstehen. Das Handgelenk darf nicht zu viel nach oben herausgestellt werden, sondern möglichst nach der linken Seite hin. Der Arm wird leicht gehalten und der Ellenbogen darf nicht gehoben werden. Beim Spielen auf der A-Saite wird die Stellung des Unterarmes und des Ellenbogens von selbst eine etwas höhere.

Prüfung der Gesamthaltung.

Ist man dahin gelangt, das Instrument und den Bogen sicher halten zu können, so prüfe man, am besten vor einem Spiegel, die Haltung des ganzen Körpers, welche gerade, natürlich und ungezwungen sein muß.

Die Bogenführung.

(Siehe die Abbildungen auf Seite 23 und 24.)

Man setzt den Bogen mit den Haaren dicht am Frosch auf die Saite und führt ihn in einer geraden, mit dem Stege parallelen Linie bis an die Spitze. Das Handgelenk muß beim Ansatz am Frosch gehoben sein und sich während des Striches nach und nach so senken, daß es am Ende des Striches, an der Bogenspitze, ganz hineingetreten ist. Streicht man nun von der Spitze wieder dem Frosche zu, so muß es ebenso wieder heraustreten. Der Ellenbogen liegt beim Strichansatz am Frosch dicht am Körper und entfernt sich, gleichzeitig mit dem Senken des Handgelenkes, etwas von ihm.

Beim Strich von der Spitze zum Frosch nähert sich der Ellenbogen dem Körper so, wie das Handgelenk heraustritt. Das Eine bedingt das Andere.

Die Stellung des Bogens auf den vier Saiten muß folgenderweise sein: Auf der C-Saite werden die vollen Haare aufgesetzt, so daß der Bogen gerade steht. Hierbei tritt das Handgelenk mehr nach oben wie nach der linken Seite heraus.

Auf der G-Saite neigt sich die Stange etwas mehr dem Griffbrett zu, auf der D-Saite in verstärktem Maße und auf der A-Saite werden die Haare fast auf der Seite aufgesetzt.

Will man einen starken Ton hervorbringen, so streicht man mehr in der Nähe des Steges; im piano entfernt man den Bogen mehr von demselben; die gewöhnliche Strichfläche ist ungefähr 3 cm vom Stege. Die beim starken Spiel nötige Kraftanwendung läßt man nur durch den Daumen, Zeigefinger und des Handgelenk bewirken, und den Unterarm hält man unabhängig vom Oberarm. Die Führung des Bogens in der Richtung vom Frosch nach der Spitze nennt man Herunter- oder Abstrich, die entgegengesetzte Führung Hinauf- oder Aufstrich.

Graphische Zeichen und Abkürzungen für Bezeichnungen im Bogenstrich.

⊓ Abstrich. V Aufstrich. Sp. An der Spitze dee Bogens. M. In der Mitte des Bogens. Fr. Am Froschs des Bogens. G. B. Ganzer Bogen H. B. Halber Bogen.

Anwendung des Ab- und Auf-Strichs.

In der Regel nimmt man bei jedem Stück, welches mit vollem Takt beginnt, auf den ersten Ton Abstrich, und bei den mit einer abgestoßenen Auftaktsnote oder mit einem aus mehreren zusammengebundenen Noten bestehenden Auftakt beginnenden Stücke Aufstrich. Besteht der Auftakt aus mehreren abgestoßenen Noten, so richtet man es so ein, daß die letzte derselben im Aufstrich gespielt wird, z. B.

a)

b)

Bei einem Auftakt aus gestoßenen und gebundenen Noten kommt die letzte Bindung im Aufstrich, z. B.

Ist Auftakt und voller Takt zusammengebunden, so nimmt man in der Regel Abstrich, z. B.

Ausnahmen für den volltaktigen Beginn mit Abstrich giebt es allerdings öfter, z. B. wenn der erste Takt piano beginnen und sich bis zum forte steigern soll, wie der Anfang der Freischütz-Ouverture:

oder bei folgendem Beispiele:

Ebenfalls giebt es Ausnahmen für auftaktigen Beginn mit Aufstrich, z. B.

Die ersten Strichübungen.

Nachdem man seinen Sitz richtig eingenommen, das Instrument und den Bogen in richtige Haltung gebracht hat, beginnt man damit, die *leeren Saiten* anzustreichen und zwar am besten zunächst die D- und G-Saite. Die *linke Hand* kann während den ersten Strichübungen da am Halse ruhen, wo derselbe sich mit dem Körper verbindet. *Den Körper* lasse man nicht nach der Seite hin neigen, wohin man streicht, sondern bewahre demselben seine gerade Haltung. Nach jedem Striche lasse man zunächst eine Pause eintreten, um alle Einzelheiten der Haltung zu prüfen und eventuell zu korrigieren. Die Strichübungen auf den leeren Saiten sind so lange zu machen, bis man letztere sicher und frei in verschiedenen Bewegungen — Ganze bis Viertelnoten — anstreichen und auch einen einigermaßen guten Klang hervorbringen kann.

Die ersten Strichübungen würden ungefähr folgende sein:

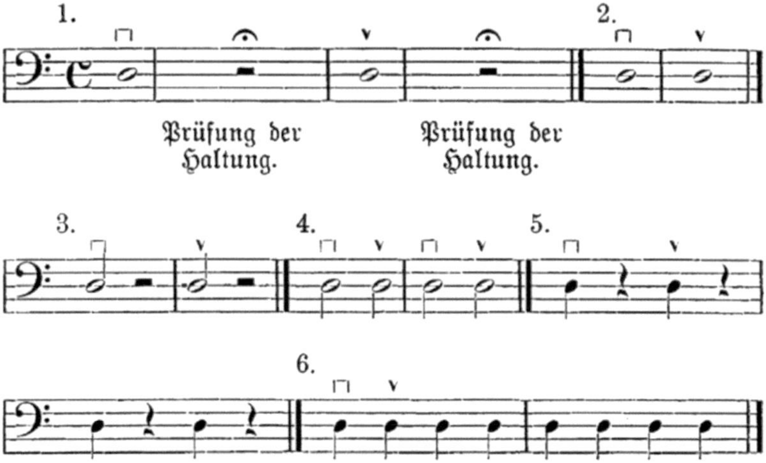

Jede dieser Übungen auch auf den übrigen Saiten; die halben und Viertelnoten auch mit halbem Bogen und in der Mitte desselben.

Dann gehe man von einer Saite zur anderen über,

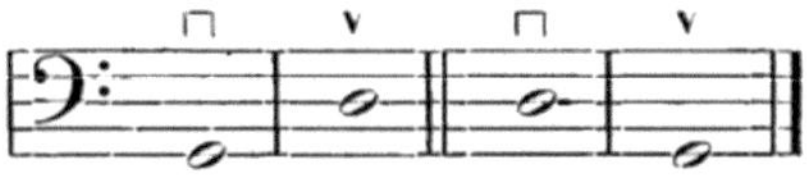

wobei das Handgelenk beim Übergehen auf die höhere Saite eine kleine Biegung nach innen, beim Übergehen auf die tiefere Saite eine kleine Biegung nach außen macht. Schließlich streicht man alle Saiten nach einander:

und mit Übergehung einzelner Saiten:

an.

Das Einstimmen der Saiten.

Ist man imstande, die leeren Saiten einigermaßen gut anstreichen zu können, so muß man auch lernen, dieselben in gehörige reine Stimmung zu bringen, was gar nicht so leicht ist, namentlich für Anfänger, deren Gehör noch nicht fein genug ausgebildet ist.

Das Anstreichen der Saiten muß beim Stimmen in mittlerer Stärke und mit langen Strichen geschehen, z. B.

ja nicht:

oder

Die langen Striche werden so oft wiederholt, bis die betreffende Saite rein stimmt.

Die Wirbel müssen, bei normaler Haltung des Instrumentes, mit der linken Hand, gleichzeitig mit dem Anstreichen der Saiten gedreht werden. Die Wirbel der A- und D-Saite werden mit der ganzen Hand gedreht, wobei sich der Daumen zum Gegendruck auf die andere Saite des Wirbelkastens legt. Die G- und C-Wirbel werden mit dem Daumen, Zeige- und Mittelfinger erfaßt und gedreht. Hierbei dient der kleine Finger, welcher auf die entgegengesetzte Seite des Wirbelkastens gelegt wird, als Gegendruck.

Diese beiden Wirbel sind am schwierigsten zu drehen, da sie, falls die Saiten nicht gut aufgezogen, oder die Wirbel selbst nicht gut im stande sind, leicht zurückgleiten. In solchen Fällen muß man das Instrument vor sich, mit den Saiten nach dem Gesicht zu, nehmen, den Hals mit der rechten Hand erfassen und die Wirbel mit der linken drehen.

Manche Violoncellisten haben die Angewohnheit, die Saiten oberhalb des Sattels oder hinter dem Stege zu drücken, um den Ton etwas höher zu erzielen, oder dieselben zu ziehen, um sie tiefer zu bringen. Beides soll man lieber vermeiden, da die Saiten doch bald wieder in ihre frühere Stimmung zurückgehen. Will man ein Instrument in eine höhere Stimmung, als in welcher es bisher stand, bringen, so spanne man die Saiten noch ungefähr einen Ton höher und bringe sie dann von oben herab in den richtigen Ton. Beim Tieferstimmen ist dies entgegengesetzt vorzunehmen.

Das Aufsetzen der Finger.

Man hat im Violoncellspiel — außer dem Daumen, dessen Anwendung später erklärt wird, — vier Finger zum Greifen der Saiten im Gebrauch. Der Zeigefinger ist der erste, der Mittelfinger der zweite, der Ringfinger der dritte und der kleine Finger der vierte. Bezeichnet werden dieselben mit den Zahlen 1, 2, 3, 4 über den Noten. Auf jeder Saite kann man in der unteren, ersten Lage, mit Benutzung der leeren Saite, welche mit 0 bezeichnet wird, vier Töne in diatonischer Folge spielen, in chromatischer Folge sieben halbe Töne.

In der chromatischen Folge verläßt jedoch der erste Finger bei cis und der vierte Finger bei fis vorübergehend seine natürliche Lage.

Die Finger werden mit der Kuppe nahe dem Nagel fest und bestimmt aufgesetzt, und zwar übt man zunächst das Aufsetzen des ersten Fingers auf allen vier Saiten,

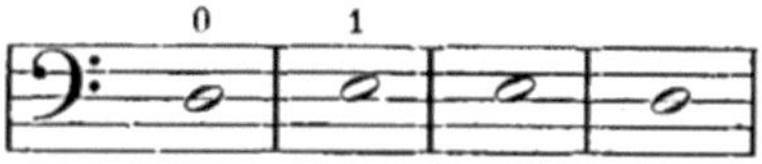

dann des zweiten in Verbindung mit dem ersten,

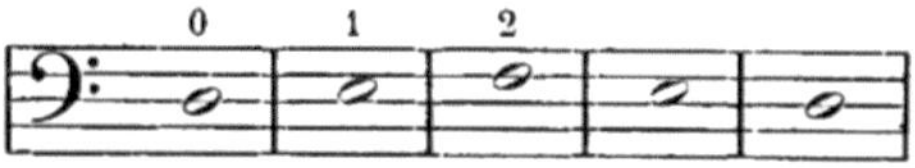

des dritten in Verbindung mit den beiden ersten,

und des vierten in Verbindung mit den vorhergehenden Fingern.

In dieser Folge auf allen vier Saiten.

Vom Aufsetzen des zweiten Fingers an ist zu beobachten, daß alle vorher aufgesetzten Finger liegen bleiben, so daß beim Aufsetzen des vierten Fingers alle übrigen ebenfalls auf der betreffenden Saite liegen. Abwärts wird immer nur ein Finger von der Saite genommen.

Hat man das Aufsetzen der Finger in dieser Weise gelernt, so fange man an, vier Töne in diatonischer Folge hintereinander zu spielen und zwar zuerst die, welche nach der leeren Saite mit dem 1., 3. und 4. Finger gegriffen werden.

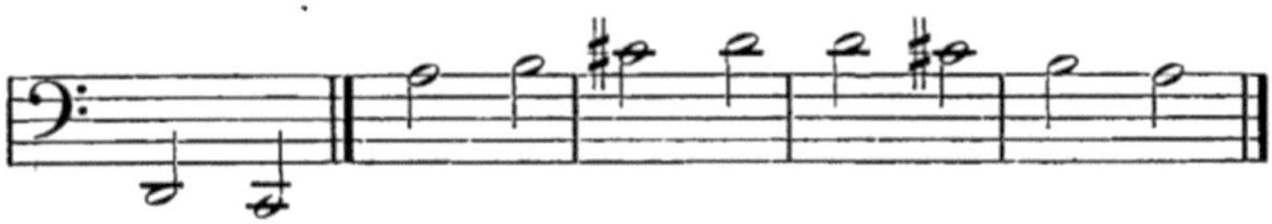

Hierbei ist nun zu beachten, daß der dritte Finger nicht allein, sondern mit ihm zugleich der zweite Finger aufgesetzt wird. Greift also der dritte Finger auf der D-Saite fis, so liegt der zweite auf f. Nun übt man die Tonfolgen, welche mit dem 1., 2. und 4. Finger gegriffen werden, wobei wiederum der vierte Finger nicht allein, sondern mit ihm der dritte aufgesetzt wird.

Erst jetzt ist es zweckmäßig, die C-dur-Tonleiter zu üben, die folgenden Fingersatz hat:

C-Saite:	0	1	3	4
G- „	0	1	3	4
D- „	0	1	2	4
A- „	0	1	2	(4)

Dann folgt die G-dur-Tonleiter mit folgendem Fingersatz:

G-Saite:	0	1	3	4
D- „	0	1	3	4
A- „	(0	1	2	4)

Nun übt man das freie Aufsetzen des 2., 3. und 4. Fingers; auch hierbei ist zu beachten, daß die Finger nicht allein, sondern alle vorangehenden mit aufgesetzt werden.

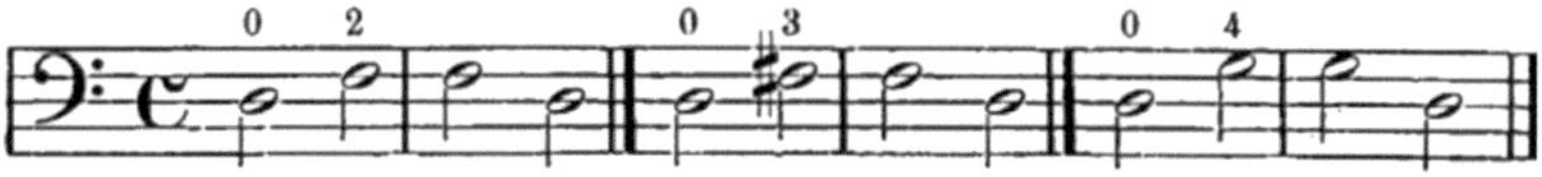

Ebenso auf den übrigen Saiten, woran sich Intervall und Akkordübungen mit Benutzung der bisher gegriffenen Töne schließen, z. B.

Terzen. Quarten.

Quinten.

Sexten. Septimen.

Oktaven.

Bei der Folge von reinen Quinten legt man die Finger gleich quer über beide Saiten.

Akkordübungen.

Hand in Hand mit diesen Übungen haben Strich- und Handgelenkübungen zu gehen für das Wenden des Bogens von einer Saite zur anderen, auch mit Überspringung einer Saite, wie bei den Sexten, Septimen und Oktaven. Auch übe man die Tonleiter, später die Intervall- und Akkordübungen in verschiedenen Rythmen und Stricharten (siehe Seite 28). Zuerst binde man zwei, dann nach und nach mehr Noten auf einen Bogenstrich, wechsle auch ab mit gestoßenen und gebundenen Noten.

Ausführliches über das Studium der Tonleiter und Akkorde enthält des Verfassers, bei Cranz in Hamburg erschienene „Schule der Tonleiter und Akkorde“ Op. 29.

Hierauf ist das Zurückstellen des ersten Fingers um einen halben Ton auf allen Saiten zu üben,

dann die vorgerückte Stellung des 2. u. 4. Fingers:

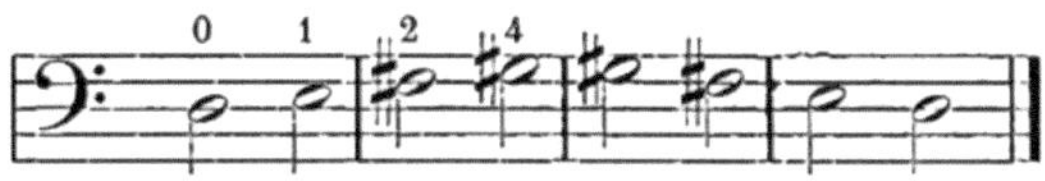

Auch das Hin- und Herrücken des ersten Fingers (später auch der anderen) ist bald zu üben, z. B.

ꝛc.

Hierbei muß der Daumen an seinem Platze bleiben.

Jetzt folgt das Studium der Tonleitern: F-dur, B-dur, D-dur, A-dur, welche im ganzen, bisher vorgekommenen Tonumfang zu spielen sind, z. B.

Desgleichen werden entsprechende Intervall- und Akkordübungen gespielt.

Von den Moll-Tonleitern sind bisher folgende zu studieren: A-moll, E-moll, H-moll, D-moll und G-moll, harmonisch und melodisch.

Fingersatz für dieselben in der ersten Position:

A-moll:

G-Saite:	1 3 4
D- „	0 1 2 4
A- „	0 1 2 4 2 1 0
D- „	4 2 1 0
G- „	4 3 1 1 (0)
C- „	4 3 1 0 1 3 (2) 4
G- „	1 1

E-moll:

C-Saite:	2 4
G- „	0 1 3 (2) 4)
D- „	1 1 3 4
A- „	0 1 0
D- „	4 3 1 1 (0)
G- „	4 3 1 0
C- „	4 2

H-moll:

G-Saite:	2 4
D- „	0 1 3 (2) 4
A- „	1 1 3 4 3 1 1 (0)
D- „	4 3 1 0
G- „	4 2 1 0
C- „	4 2 1 1 1 2 4
G- „	0 (1) 1 2

D-moll:

C-Saite:	1 3 4
G- „	0 1 2 4
D- „	0 1 2 4
A- „	0 1 3 4 3 (2) 1 0
D- „	4 2 1 0
G- „	4 2 1 0
C- „	4 3 1 1 1

G-moll:

G-Saite:	0 1 2 4
D- „	0 1 3 4
A- „	0 1 2 4 2 1 0
D- „	4 3 (2) 1 0
G- „	4 2 1 0
C- „	4 2 1 0 1 2 4
G- „	0

Die eingeklammerten Zahlen gelten für die melodische Molltonleiter.

Bei den harmonischen Molltonleitern hat man besonders auf den übermäßigen Sekundenschritt der 6. und 7. Stufe zu achten und Vorübungen dazu zu machen, z. B. A-moll:

Die chromatische Tonleiter

ist jetzt mit folgendem Fingersatz zu spielen, wobei die zweimal nacheinander folgenden Finger fest auf den nächsten Ton rücken müssen:

Die Lage des Daumens darf sich hierbei nicht verändern.

Die Lagen oder Positionen.

Um die bisher gespielten Tonleitern auszudehnen und die noch fehlenden Tonleitern spielen zu können, ist es nötig, die bisher unveränderte Handlage tiefer und höher zu bringen. Die um einen halben Ton vertiefte Handlage, in welcher folgende Töne mit dem ersten Finger gegriffen werden,

nennt man Sattellage oder halbe Position. Die gewöhnliche Lage der Hand, in welcher

mit dem ersten Finger gegriffen werden, heißt die erste Position.

Zweite Position.

Dritte Position.

Vierte Position.

Die Haltung des Daumens ist bis in die dritte Position die gleiche; in der vierten Position legt man denselben mehr um den Hals und die Hand ruht auf der Zarge.

Die Positionen behalten auch ihre Benennungen, wenn die Noten durch Versetzungszeichen erniedrigt oder erhöht sind, nur werden öfter zur Bestimmung einer Position oder des Fingersatzes wegen Noten enharmonisch verwechselt.

Bei dem Einsatz des ersten Fingers auf die drei folgenden halben Töne

A-Saite. 

bleibt der Daumen noch am Halse liegen, gleitet nur etwas nach links; bei den höheren Tönen wird der Daumen meistens mit auf die Saiten gelegt. (Siehe Daumenaufsatz.) Bis in die vierte Position wird die von dem Tone des ersten Fingers entfernte kleine und große Terz mit dem vierten Finger gegriffen; die kleine Terz des nächsten halben Tones

A-Saite. 

ebenfalls noch, während die große Terz

mit dem dritten Finger gegriffen wird. Von nun an folgt auf alle Terzen nach dem ersten Finger der dritte. In manchen Violoncellschulen ist der Fingersatz obiger kleinen Terz auch bereits mit 1, 3 angegeben, doch ist der hier bezeichnete Fingersatz 1, 4 bequemer, auch der ganzen Lage der Hand und der Finger nach entsprechender.

Da auf dem Violoncell in jeder Position nach der ersten nur drei Töne in diatonischer Folge zu spielen sind, so ist dadurch ein öfterer Lagenwechsel bedingt, wie auf der Violine, auf welcher in jeder Lage vier Töne zu greifen sind.

Der Positionswechsel.

Das Übergehen von einer Position in die andere muß sehr leicht und sicher geschehen, weshalb viel Übung darauf verwendet werden muß. Besondere Schwierigkeit macht der Übergang von der dritten oder vierten Position nach den höheren Fingerstellungen ohne Daumenaufsatz und findet man bei manchem Violoncellisten die Technik in dieser Beziehung mangelhaft. Große Beachtung ist dem

Mitgleiten der Finger beim Positionswechsel

zu schenken. Hat man beim Übergang in eine höhere oder tiefere Position den letzten Ton der zu verlassenden und den ersten der zu erfassenden Position mit demselben Finger zu greifen, so gleitet dieser, ohne die Saite zu verlassen, fest über dieselbe, ob die betreffenden Töne gebunden sind oder nicht.

Wird der erste Ton in der nach aufwärts überzugehenden Position mit einem, dem in der unteren zuletzt aufgesetzten folgenden Finger gegriffen, so muß ersterer mit in die höhere Position gleiten und so lange liegen bleiben, bis die Handstellung wieder gewechselt, oder er von einem vorhergehenden Finger abgelöst wird. Ist der Finger in der unteren Position der Zweite, so gleitet mit ihm auch der erste nach oben; mit dem dritten auch der erste und zweite, so daß in der neuen Handstellung jeder Finger gleich wieder auf seinem Platze ist. In folgenden Beispielen sind die mitgleitenden Finger durch kleine Noten angedeutet.

Geht man nach abwärts in eine andere Position, so gleitet der Finger der letzten Note nebst den vorhergehenden soweit mit, bis er in der unteren Position sich an seinem Platze befindet, bleibt jedoch selbstverständlich, falls der folgende Ton nicht mit demselben Finger gegriffen wird, nicht liegen.

Wird der erste Ton der höheren Position mit einem, dem letzten Finger der unteren Position vorhergehen=

den Finger gegriffen, so gleitet ersterer soweit mit nach oben, bis der erste Finger der höheren Position aufgesetzt wird.

Wenn der erste Ton der tieferen Position mit einem, dem in der oberen Lage zuletzt aufgesetzten folgenden Finger gegriffen wird, so gleitet der betreffende Finger der oberen Lage auf seinen Platz in die untere. Ehe er denselben erreicht hat, muß jedoch der erste Ton in dieser Position gegriffen werden.

Sind die Töne der verschiedenen Positionen nicht durch Legatobogen miteinander verbunden, so muß das Gleiten der Finger während des Strichwechsels, und so schnell geschehen, daß man keine Zwischentöne wahrnimmt. Sind die Töne gebunden auf einen Bogenstrich zu spielen, so wird ein Durchziehen derselben (portamento) hörbar werden. Der Spieler hat sich nun hierbei sehr vor der Übertreibung des Ziehens von einem Tone zum anderen zu hüten, auf daß man nicht die ganze dazwischen liegende enharmonische Skala zu hören bekommt. Alles Heulende muß ver=

mieden werden. Auch darf der Ton nicht zu hören sein, nach welchem der Finger hingleitet.

Fingersatz der Tonleitern in verschiedenen Positionen.

Auch hier werden die drei aufeinander folgenden Töne — ohne leere Saiten —, welche durch eine große, oder kleine und große Sekunde voneinander getrennt sind, mit dem 1., 2. und 4. Finger gegriffen. Nach der 4. Position jedoch, vom fis auf der A-Saite an bis zum Daumenaufsatz mit dem 1., 2. und 3. Finger.

Mit dem 3. Finger wird der zweite Ton gegriffen, wenn nach ihm ein kleiner Sekundenschritt folgt, nach der 4. Position von obigem fis an ebenfalls mit dem 2., welchem dann der 3. folgt. Z. B.

Beginnt man eine Tonleiter mit dem 2. Finger, und geht dieselbe über die 4. Position hinaus, so werden vom zweiten Ton der letzten Oktave an dreimal zwei Töne und zuletzt drei Töne in einer Position gegriffen. Z. B.

Die chromatische Tonleiter erhält jetzt folgenden Fingersatz:

Saite	Position	Finger
C-Saite	I. Position	0 1 2 3
	II. „	1 2 3
G- „	I. „	0 1 2 3
	II. „	1 2 3
D- „	I. „	0 1 2 3
	II. „	1 2 3
A- „	I. „	0 1 2 3
	II. „	1 2 3
	IV. „	1 2 3 4

Die Fortsetzung bis zum c: 1 2 1 2 3.

Den Umfang der Tonleitern kann man, ohne den Daumenaufsatz zu gebrauchen, bis zum

ausdehnen, so daß der erste Finger zuletzt auf a oder as, in der chromatischen Tonleiter auf ais oder b aufgesetzt werden kann.

Fingersatz der Akkorde in verschiedenen Positionen.

C-dur dritte Oktave: I. Pos. 2,
IV. „ 1, 4, dann oben 3.

abwärts IV. Pos.

dann I. Pos.

Des-dur entweder: a) I. Pos. 1, 4, 1,
II. „ 4, 1, 4, 2,

oder: b) I. Pos. 1,
III. „ 1, 4, 2,
II. „ 1, 4, 2.
die Weiterführung in beiden Fällen 1, 4.

D-dur: a) I. Pos. 1, 4, 1, 0, 3, 0, 4, die Weiterführung 1, 3.
b) I. „ 1, 4, 1, 0,
II. „ 1, 4, dann auf der D-Saite 3 Flageolett.

Von Es- bis Ges-dur wird die untere Oktave in einer Lage gespielt, die nächsten drei Töne in der höheren Position mit dem 1., 4., 2., die Weiterführung mit dem 1. und 3. Finger gegriffen. Abwärts werden von E-dur an entweder nur die drei unteren Töne in der unteren Pos. gespielt, oder man nimmt den Fingersatz ebenso wie aufwärts:

G-dur: I. Pos. 0 3 0 4 1 4,
IV. „ 4, bei Weiterführung dieser Ton mit dem 1. Finger, dem der 3. folgt.

As-dur: a) I. Pos. 1 4 1,
II. „ 4 1 4, dann als Abschluß as mit dem 4., bei Weiterführung mit dem 1. Finger.

b) I. Pos. 1,
III. „ 1 4 2, dann auf der D-Saite 1, 3 und auf der A-Saite 2.

A-dur: a) I. Pos. 1 4 1 0,
II. „ 1 4, dann oben 3 Flageolett.
b) Wie As-dur.

B- und H-dur: die ersten 4 Töne I. Pos., dann III. Pos. 1, 4 und oben 3, oder wie — b) As-dur.

Der Fingersatz der Molldreiklänge schließt sich obigen entsprechend an, wie auch der Fingersatz der Septimenakkorde aus demselben hervorgeht.

Der Daumenaufsatz.

Der Daumen wird mit der unteren schmalen Seite so aufgesetzt, daß er zwei Saiten zu gleicher Zeit niederdrückt und zwar muß die tiefere derselben unter der Mitte des Nagels liegen. Die Lage des Daumens muß parallel mit dem Stege sein, so daß die von ihm gegriffenen Töne eine reine Quinte geben, wozu allerdings quintenreine Saiten erforderlich sind.

Greift man also auf der A-Saite die Oktave derselben

mit dem Daumen, so muß derselbe auch die Oktave der D-Saite

mitgreifen, mithin folgenden Griff geben:

Ebenso ist es auf den tieferen Saiten. Der Gebrauch des Daumenaufsatzes wird mit ϙ bezeichnet und meistens auf der A- und D-Saite von der Mittellage der Mensur an

in den höheren Lagen benutzt. Auf den tieferen Saiten gebraucht man den Daumen hauptsächlich bei schnellen Passagen, die ein Heruntergehen der Hand nicht gut gestatten und bei Akkorden auf einer Saite, z. B.

In den unteren Lagen wird der Daumenaufsatz seltener angewendet, meistens in Passagen ohne leere Saiten und bei Doppelgriffen in Oktaven und Terzen. Folgende Stelle aus dem E-moll-Quartett von Beethoven wird größtenteils im Daumenaufsatz gespielt:

obgleich dieselbe bei richtigem, entsprechendem Fingersatz ohne Daumen besser klingt. Es sollte überhaupt nur in den nötigsten Fällen der Daumenaufsatz benutzt und die Ausbildung der Fingerfertigkeit ohne denselben mehr gepflegt werden, denn man kann dadurch manche schwer auszuführende und nicht immer gut klingende Bindung über zwei Saiten vermeiden, auch klingen viele Figuren besser, wenn sie auf einer Saite ausgeführt werden, statt daß man auf die tiefere, im Tone abfallende Saite übergeht.

Von dem Auffatz des Daumens auf den Tönen

 oder 

an, kann man auf jeder Saite bei einmaligem Gebrauch jeden Fingers in einer Lage fünf Töne in diatonischer Folge bis zum Umfang einer reinen Quinte spielen; der 4. Finger erzeugt den gleichen Ton wie der Daumen auf der nächsthöherliegenden Saite.

Beim Vorrücken der Hand mit liegenbleibendem Daumen — ♀ restez bezeichnet — können noch weitere Töne gespielt werden, z. B.:

a)

b)

Bei chromatischen Figuren im Daumenaufsatz wird entweder der 1., 2. und 3. Finger zweimal hintereinander gebraucht,

oder folgender Fingersatz angewendet bei liegenbleibendem Daumen:

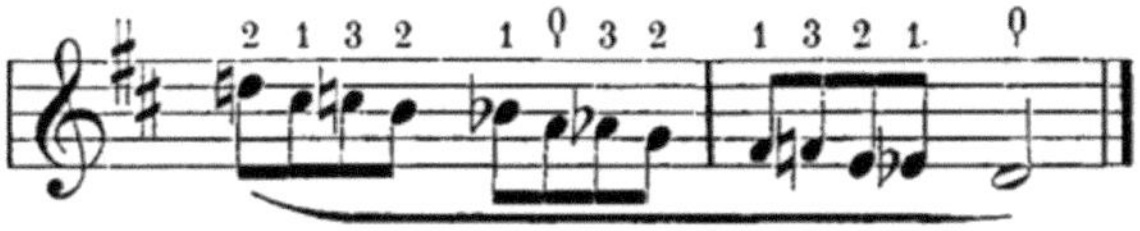

Fingersatz der Tonleiter in den hohen Lagen mit dem Daumen als Stützfinger.

Bei den Tonleitern in drei und vier Oktaven setzt man den Daumen, nachdem derselbe vom Hals losgelassen ist, nach eben angegebener Weise auf die Saiten und nimmt ihn bei jedesmaligem Aufrücken des ersten Fingers als Stützfinger mit nach aufwärts, so daß er nicht über einen Ton von demselben entfernt ist, selbst jedoch keinen Ton angiebt. Ungefähr von der Mitte der Mensur an ist die Reihenfolge der Finger immer 1, 2 und zwar wird der erste Finger so aufgesetzt, daß die drei letzten Töne in der hohen Lage mit 1, 2, 3 gegriffen werden, es ist also wichtig, zu bestimmen, von welchem Tone an die Fingerfolge 1, 2 beginnt. Bei Tonleitern durch vier Oktaven beginnt dieselbe:

C-, Des- und D-dur	beim	5.	Ton in der	dritten	Oktave,
Es- und F-dur	„	3.	„ „ „	„	„
E- und Fis-dur	„	6.	„ „ „	zweiten	„

Tonleiter durch drei Oktaven:

Des-, D-, Es-, E-, F-, Fis-, G- und As-dur beim 2. Ton in der dritten Oktave,

A-, B-dur beim 7. Ton in der zweiten Oktave,
H-dur „ 3. „ „ „ „ „
Die Molltonleitern obigen entsprechend.

Tonleiter mit wirklichem Daumenaufsatz.

Geht man auf einer Saite von den unteren Handlagen in die oberen, so ist der Aufsatz des Daumens am leichtesten auf dem Tone der Oktave der Saite, weil der Daumen nicht sofort niedergedrückt zu werden braucht, sondern der Ton schon flageolett anspricht.

Aber auch auf andere Töne muß der Daumen aufgesetzt werden können, z. B.:

Akkorde mit Daumenaufsatz.

Zunächst haben wir die Dreiklänge in den Tonarten der leeren Saiten, in welchen die drei letzten Oktaven auf einer Saite gespielt werden, z. B.:

Hier, wie auch auf den tieferen Saiten wird der Daumen nicht fest, sondern lose aufgesetzt, so daß er, gleich der Quinte darüber und den drei höchsten Tönen einen Flageolettton erzeugt.

Diese Akkorde können auch mit dem Fingersatz der übrigen gespielt werden. Der Fingersatz der übrigen Dreiklänge kann aufwärts derselbe sein, wie er auf S. 45 und 46 angegeben ist. Wird der Akkord nun fortgesetzt, so hat die letzte Oktave folgenden Fingersatz: ♀ 1 2 3, z. B.:

Soll eine Oktave tiefer abgeschlossen werden, so wird der letzte Ton mit dem 3. Finger gegriffen, wobei der Daumen eine Quarte tiefer fest aufliegen muß.

Von da an, wo die Terz über der 4. Position mit 1, 3 gegriffen wird, muß der Daumen bereits beim Einsatz des ersten Fingers mit auf die Saiten gehen, z. B.:

Ein anderer Fingersatz ist aufwärts der, daß man

bereits den ersten Ton der dritten Oktave auf der D-Saite mit dem Daumen greift, z. B.:

Abwärts nimmt man folgenden Fingersatz:

Von Es-dur an auch:

Doppelgriffe.

Auf dem Violoncell lassen sich die mannigfaltigsten Doppelgriffe oder Doppeltöne spielen, doch ist ihre Anwendung nicht so häufig wie auf der Violine, auf welcher z. B. längere Folgen von Terzen und Sexten leichter auszuführen sind, auf den tieferen Saiten auch besser klingen, als auf dem Violoncell.

Die am leichtesten zu spielenden Doppeltöne sind die — abgesehen von den Quinten, welche die leeren Saiten ergeben — bei denen eine leere Saite beteiligt ist. In Verbindung mit einer leeren Saite lassen sich alle Intervalle greifen.

Primen: 

Bei den Primen wird der Ton der leeren Saite noch einmal auf der tieferen Saite gegriffen. Der Fingersatz richtet sich nach der Position, in welcher man spielt. Zu benutzen ist die 2., 3. und 4. Position.

Sekunden: 

Bei a wird der untere, bei b der obere Ton auf der tieferen Saite gegriffen und kann jeder Finger dazu genommen werden.

Terzen:

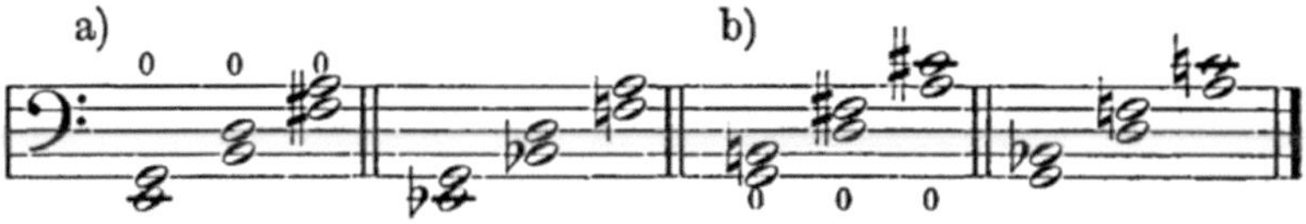

a liegt in den beiden ersten Positionen, bei b wird der obere Ton auf der tieferen Saite gegriffen.

Quarten: 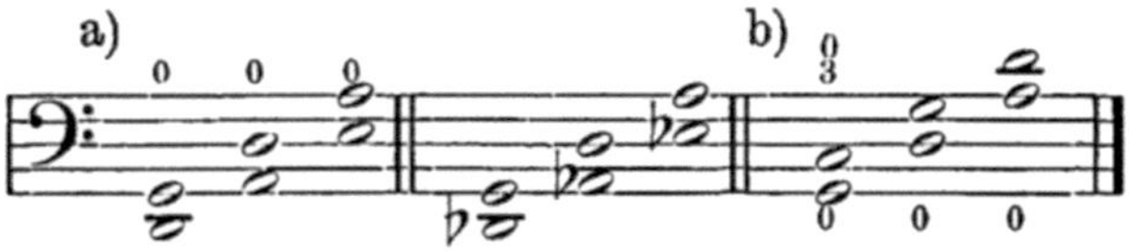

a liegt in der ersten Position, bei b wird der obere Ton auf der tieferen Saite flageolett gegriffen.

Quinten: 

Sexten: 

Septimen: 

Oktaven: 

Nonen: 

Dezimen: 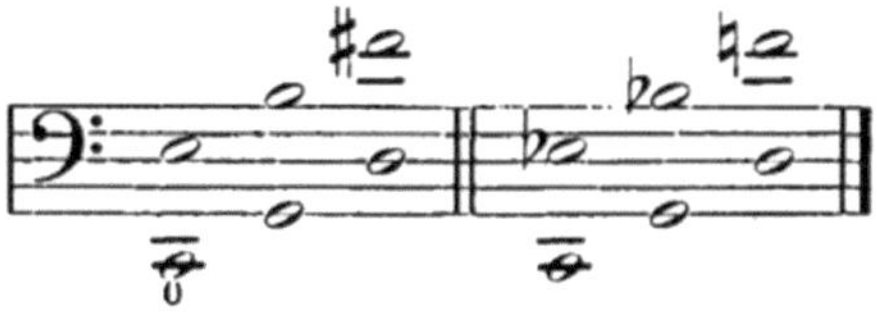

Doppelgriffe ohne leere Saiten.

Primen:  ꝛc.

Derselbe Ton auf zwei Saiten, kommt sehr selten in Anwendung.

Sekunden:  ꝛc.

Die Sekundengriffe werden in den unteren Lagen wohl nie angewendet, eher in den oberen, z. B.:

Terzen: a) kleine.

ꝛc.

b) große.

Der Fingersatz der Terzen ist in den unteren Lagen $\frac{1}{4}$, in den Daumenlagen $\frac{0}{2}$ od. $\frac{1}{3}$ od. $\frac{2}{4}$.

Quarten: a) reine.

b) übermäßige.

Fingersatz der reinen Quarten in den unteren Lagen $\frac{1}{3}$ oder $\frac{2}{4}$, der übermäßigen Quarten $\frac{1}{2}$, $\frac{2}{3}$ oder $\frac{3}{4}$, in den Daumenlagen $\frac{0}{1}$, $\frac{1}{2}$, $\frac{2}{3}$ oder $\frac{3}{4}$.

Quinten: a) reine.

b) verminderte.

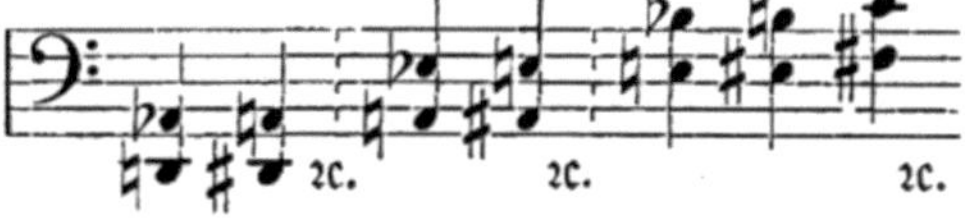

Fingersatz der reinen Quinten in den unteren Lagen $\frac{1}{1}$, $\frac{2}{2}$, $\frac{3}{3}$, $\frac{4}{4}$, in den Daumenlagen $\frac{0}{0}$. Verminderte Quinten wie übermäßige Quarten.

Sexten: a) kleine.

b) große.

Fingersatz der kleinen Sexten in den unteren Lagen $\substack{2\\1}$, $\substack{3\\2}$, $\substack{4\\3}$, in den Daumenlagen $\substack{1\\\varphi}$, $\substack{2\\1}$, $\substack{3\\2}$, $\substack{4\\3}$, der großen Sexten in den unteren Lagen $\substack{2\\1}$, $\substack{3\\1}$, $\substack{4\\2}$, in den Daumenlagen $\substack{1\\\varphi}$, $\substack{2\\1}$, $\substack{3\\2}$, $\substack{4\\2}$.

Septimen:

Fingersatz der Septimen in den unteren Lagen $\substack{1\\4}$, in den Daumenlagen $\substack{2\\\varphi}$, $\substack{3\\1}$, $\substack{4\\2}$.

Oktaven:

Fingersatz der Oktaven in allen Lagen $\substack{4\\1}$ oder $\substack{3\\\varphi}$.

Zu bemerken ist, daß im vorhergehenden nicht der Fingersatz für Tonleitern in Doppelgriffen angegeben ist, sondern nur die Finger bezeichnet sind, welche für die einzelnen Griffe benutzt werden können.

Dreifache (Tripel-) Griffe.

Bei dreifachen Griffen haben nur die beiden oberen Töne gleiche Klangdauer und die untere Saite wird von dem Bogen früher verlassen. Nur ganz kurz angestrichen, können alle drei Töne zusammen erklingen.

Folgen mehrere drei- oder vierstimmige Akkorde nacheinander, so wird in der Regel zu jedem derselben

Abstrich genommen, um die nötige Kraft und Gleichheit zu erzielen. Auch hier, sowie in den folgenden vierstimmigen Griffen sind die leichtesten die mit leeren Saiten.

Dreistimmige Griffe mit zwei leeren Saiten.

a) Leere Saiten unten.

b) Leere Saiten oben.

c) Leere Saiten unten und oben.

Mit einer leeren Saite.

a) Die leere Saite unten.

b) Die leere Saite oben.

c) Die leere Saite in der Mitte.

Ohne leere Saiten.

Bilden die beiden unteren Töne eine **reine Quinte**, so kann man in der unteren Position, wo auf die Quinte der erste Finger gesetzt wird, den dritten Ton eine kleine Sexte — mit dem zweiten Finger, eine große Sexte — mit dem dritten Finger, oder eine Septime — für große Hände auch eine Oktav — mit dem vierten Finger höher nehmen, z. B.

Von da an, wo die Quinte auch mit dem zweiten, dritten oder vierten Finger gegriffen werden kann, ist auch eine Quarte zu greifen, z. B.

In der Daumenlage kann von der kleinen Sexte an jedes Intervall gegriffen werden, z. B.

 ꝛc.

Bestehen die beiden unteren Töne aus einer **kleinen Sexte**, so kann in der unteren Position der dritte Ton eine Quinte, Sexte oder Septime entfernt sein, z. B.

Von da an, wo die Sexte mit $\frac{4}{3}$ gegriffen werden kann, auch eine große Terz:

In der Daumenlage kann von der Prime an jedes Intervall gegriffen werden, z. B.

Bestehen die unteren Töne aus einer **großen Sexte** oder **verminderten Septime**, so kann der dritte Ton eine verminderte Quinte oder übermäßige Quarte, eine kleine und große Sexte, von der zweiten Position an auch eine kleine Terz oder übermäßige Sekunde entfernt sein, z. B.

In der Daumenlage kann wieder jedes Intervall gegriffen werden, z. B.

Greift man unten eine **kleine Septime**, so läßt sich darüber eine große Terz, reine Quarte, übermäßige Quarte und reine Quinte spielen, für große Hände auch eine kleine und große Sexte, z. B.

In der Daumenlage auch eine Sekunde, z. B.

Bilden die unteren Töne eine **Oktave**, so können große Hände noch eine große Terz, reine Quarte und Quinte greifen, z. B.

In der Daumenlage noch eine Sexte, Septime und Oktave

Bilden die unteren Töne eine **verminderte Quinte** oder eine **übermäßige Quarte**, so kann man den dritten Ton eine große Sexte oder verminderte Septime, eine kleine Septime, von da an, wo die unteren Töne mit $\frac{2}{3}$ gegriffen werden können, auch eine verminderte Quinte oder übermäßige Quarte entfernt nehmen, z. B.

In der Daumenlage jedes Intervall von der großen Sekunde an bis zur Dezime, z. B.

 ꝛc.

Greift man unten eine **reine Quarte**, so kann man darüber eine Quinte und eine Septime spielen, von der zweiten Position an auch eine Terz, z. B.

In der Daumenlage jedes Intervall von der kleinen Terz an bis zur **Dezime**, z. B.

Geben die unteren Töne eine **große** oder **kleine Terz**, so läßt sich darüber eine kleine oder große Sexte greifen,

in der Daumenlage auch eine Quarte und Terz,

Zu den Doppelgriffen ohne leere Saiten gehören noch die, in Verbindung mit leeren Saiten angegebenen, auf tieferen Saiten zu greifenden zwei- und dreistimmigen Griffe, z. B.

Vierstimmige (Quadrupel-) Griffe.

Mit zwei leeren Saiten.

Mit der leeren C- und G-Saite lassen sich auf der D- und A-Saite alle Intervalle greifen, welche unter „Doppelgriffe ohne leere Saiten" angegeben sind, z. B.

Ebenso lassen sich bei der leeren A- und D-Saite alle Intervalle auf den tieferen Saiten greifen, z. B.

Mit einer leeren Saite.

Mit der leeren C-Saite lassen sich auf den drei oberen Saiten alle Akkorde, welche unter „dreifache Griffe ohne leere Saiten" bezeichnet sind, spielen, z B.

Ebenso mit der leeren A-Saite auf den unteren Saiten, z. B.

Auch mit der leeren D- oder G-Saite lassen sich einige vierstimmige Griffe spielen, doch kommt deren Anwendung selten vor, z. B.

Leere D-Saite:

Leere G-Saite:

Ohne leere Saiten.

Beispiele in den unteren Positionen:

u. s. w. in den höheren Positionen.

Mit Daumenaufsatz:

*) In den unteren Positionen nur für sehr große Hände.

Die Flageolettöne.

Man kann auf dem Violoncell *natürliche* und *künstliche* Flageolettöne hervorbringen. Dieselben haben ihren Sitz auf den Schwingungsknoten der Saiten und werden dadurch erzeugt, daß man die Finger *lose*, ohne Druck aufsetzt und die Saiten mit den inneren Haaren anstreicht. Die Bezeichnung für einen Ton, welcher flageolet gespielt werden soll, ist entweder o oder flageolet, auch sans harmonique.

Natürliche Flageolettöne.

Dieselben liegen von der Mitte der Saite an *aufwärts* nach dem Steg zu und ebenso *zurück* nach dem Sattel hin. Bei den Flageolettönen, welche *anders klingen* als die gegriffene Note, ist in folgendem die Klangwirkung durch ◇ angegeben.

A-Saite.

D-Saite.

G-Saite.

C-Saite.

Zwischen diesen Flageolettönen liegen noch mehrere *Nebenflageolettöne*, die jedoch ihrer schwierigen Ansprache und des nicht reinen Klanges wegen praktisch nicht angewendet werden, z. B. A-Saite

Auch wenn man *zwei Finger zugleich* auf einer Saite lose aufsetzt, erhält man natürliche Flageolettöne, z. B. A-Saite

D-Saite.

Ebenso auf den tieferen Saiten.

Künstliche Flageolettöne.

Die künstlichen Flageolettöne erzielt man dadurch, daß man von zwei Tönen auf einer Saite den *unteren* fest, den *oberen* lose greift, also die Saitenlänge verkürzt. Die

Entfernung dieser beiden Töne von einander kann eine Terz, Quarte, Quinte oder Oktav betragen. Für das Violoncellspiel kommen eigentlich nur die durch Quartengriffe erzeugten künstlichen Flageolettöne in Anwendung, in einzelnen Fällen auch die der Oktavengriffe. Die Flageolettöne durch Terzengriffe kommen nur im Doppelflageoletspiel in Anwendung, welches man auf dem Violoncell besser unterläßt.

In folgenden Beispielen ist die obere lose zu greifende Note mit ◇, die Klangwirkung durch kleine Noten bezeichnet.

Quartengriffe:

C-Saite.

G-Saite.

D-Saite.

A-Saite.

Oktavengriffe:

A-Saite. 

Die Bogenstricharten.

Man teilt die verschiedenen Stricharten ein in Grundbogenstriche und Nebenbogenstriche.

Grundbogenstriche sind:

1. der große abgestoßene Bogenstrich mit ganzem Bogen:

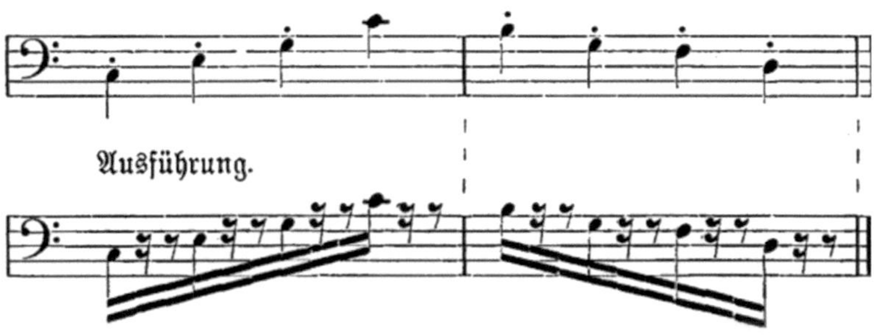

2. der gezogene, singende Strich:

3. der gehämmerte Bogenstrich an der Spitze und am Frosch:

Ausführung.

4. der gestoßene und gezogene Strich des Vorderarmes:

5. der hüpfende Bogenstrich in der Mitte:

6. der geworfene oder springende Bogenstrich in der Mitte.

Ausführung.

Des Verfassers Violoncellschule (Leipzig, Schuberth) enthält nähere Anweisungen über die Ausführung der Grundbogenstriche.

Nebenbogenstriche sind:

1. der gebundene oder Legato-Bogenstrich (mehrere Noten auf die zweite Grundbogenstrichart):

2. der Staccato-Strich*) (eine auf einen Strich genommene Reihenfolge des 3. Grundbogenstriches):

3. der springende Staccatostrich (eine auf einen Strich genommene Reihenfolge des 6. Grundbogenstriches):

*) Ein ausführliches Studium des Staccatos bietet des Verfassers „Schule des Trillers und Staccatos“ (Leipzig, Breitkopf und Härtel).

4. der Tremolostrich (eine rasche Aufeinanderfolge kurzer, mit dem Handgelenk in der oberen Hälfte des Bogens zu spielenden Noten):

5. das Ponticello. Diese Bezeichnung deutet an, daß die Saiten dicht am Steg angestrichen werden sollen und kommt hauptsächlich bei Tremolostellen vor.

6. Flautando. Hiermit werden die Töne bezeichnet, die mit weichen gezogenen Strichen über dem Griffbrett gespielt werden sollen, damit ein sanfter, flötenähnlicher Klang erzielt wird.

7. das Arpeggio. Dies ist eine rasche Aufeinanderfolge von Akkordintervallen, von denen jedes auf einer anderen Saite gespielt wird. Das Arpeggio kann gebunden oder gestoßen, auch in gemischter Strichart ausgeführt werden, z. B.

Die Bebung.

Die Bebung ist ein Zittern des Tones, welches durch ungleiche Tonschwingungen einer gegriffenen Saite entsteht. Diese werden dadurch hervorgebracht, daß man den Finger mit dem Handgelenk in zitternder Bewegung auf der Saite hält, so daß die Tonhöhe unbedeutend auf- und abschwankt. Die anderen Finger werden dabei aufgehoben. Eine besondere Bezeichnung wird für das Beben gewöhnlich nicht angewendet, sondern es bleibt die Anwendung desselben dem Geschmack des Spielers überlassen. Manchmal findet man die Bezeichnung „vibrato“. In folgendem Beispiel ist die Anwendung des Bebens durch ∼∼ bezeichnet.

Der Triller.

Der Triller, ein öfteres, schnelles, gleichmäßiges Wechseln zweier nebeneinander liegender Töne kann auf allen Tönen des Violoncells ausgeführt werden. Doppeltriller sind in den unteren Lagen nur in Sexten, im Daumenaufsatz in Terzen und Oktaven hervorzubringen, z. B.

Ausführliches über das Studium der verschiedenen Trillerarten findet man in des Verfassers „Schule des Trillers und Staccatos“ (Leipzig, bei Breitkopf und Härtel).

Das Pizzicato.

Die gewöhnliche und am meisten gebräuchliche Art des Pizzicato wird mit dem Zeigefinger der rechten Hand hervorgebracht, indem man mit demselben die Saite erfaßt und abschnellt. Der Daumen wird dabei gegen das Griffbrett gestellt.

Durch schnelles, festes Greifen der, einer Pizzicatonote folgenden Töne, kann man auch diese, ohne sie besonders mit dem Zeigefinger der rechten Hand anzugeben, zum Klingen bringen, z. B.

a)

b)

Mehrstimmige Griffe im Pizzicato werden auch mit dem Daumen, oder Zeigefinger und Daumen gespielt, z. B.

Auch einem mehrstimmigen Griffe folgende gleiche Akkorde kann man durch festes Greifen derselben zum Tönen bringen, z. B.

(Aus des Verfassers „Acht Kaprizen“, Leipzig, Schuberth.)

Auch mit der linken Hand kann das Pizzicato ausgeführt werden, oder abwechselnd mit der rechten und linken, z. B.

Das Pizzicato der linken Hand ist hier mit + bezeichnet. Ausgeführt wird dasselbe mit jedem vorhergehenden Finger.

Mehrstimmige Griffe mit der linken Hand:

Man kann auch zu gleicher Zeit arco und pizzicato spielen, z. B.

Flageolettöne im Pizzicato klingen sehr gut auf dem Violoncello. Dieselben werden nur mit dem Daumen der linken Hand hervorgebracht und zwar wird der Handballen, die sogenannte Maus, mit der Seite auf den Ton gelegt, die Saite dann mit der Spitze des Daumens abgeschnellt. Folgende Töne eignen sich besonders zum Pizzicato-Flageolett.

Beispiel der Anwendung des Pizzicato-Flageolets aus des Verfassers „Mückenspiel“ (Hamburg, Cranz).

III. Abschnitt.

Der Vortrag.

Der Vortrag ist die zur künstlerischen Wiedergabe eines Musikstückes nötige Verschmelzung aller Kunstmittel. Dem Violoncellisten ist ein vollendeter Vortrag nur dann möglich, wenn ihm, außer einer sicheren, sauberen Technik der linken Hand, einer gewandten Bogenführung und hiermit verbundenen Modulationsfähigkeit des Tones, sowie überhaupt allen technischen Anforderungen eine höhere geistige Ausbildung in der Musik, ein geläuterter Geschmack und eine warme individuelle Empfindung zu Gebote stehen. Nur durch die Verbindung aller dieser Eigenschaften kann man die toten Zeichen des Komponisten in Geist und Leben verwandeln und als ein ideales, lebendiges Bild den Zuhörern vor die Seele führen.

Die geistige Ausbildung.

Hierunter ist zu verstehen die Kenntnis in der Theorie der Musik, welche es ermöglicht, in einem Tonstücke die Ordnung der Gedankenfolge, die der Komponist durch Takt, Tempo, dynamische Vorschriften, melodischen Periodenbau, die denselben tragende Harmonie und rhythmische Kombinationen ausgedrückt hat, nach allen ihren Eigenheiten zu übersehen, den Charakter eines Tonstückes, sowie die Individualität des Komponisten klar zu erkennen, und da, wo derselbe besondere Vortragsbezeichnungen nicht angewendet hat, den richtigen Vortrag aus der Niederschrift des Werkes selbst zu ersehen und zu empfinden.

Der Geschmack.

Ein Musikstück mit Geschmack vortragen heißt, dasselbe so wiederzugeben, daß der Hörer an dem Spieler das volle Verständnis für das Vorgetragene wahrnimmt und durch den Vortrag selbst die richtige Empfindung für dasselbe erhält. Hat ein Künstler alle vom Komponisten vorgeschriebenen dynamischen und agogischen Schattierungen verständnis- und empfindungsvoll zum Ausdruck gebracht, ist das, was seine Individualität hinzufügt, künstlerisch geläutert und kommen beim Vortrag keine Unmanieren in Bezug auf die technische Handhabung seines Instrumentes vor, so wird man seinen Vortrag geschmackvoll nennen.

Was nun speziell das Violoncellspiel anbetrifft, so sind bei vielen Spielern mannigfaltige Geschmacklosigkeiten wahrzunehmen, z. B.: heulendes, süßliches Ziehen von einem Ton zum anderen, übertriebenes Beben der linken Hand, unkünstlerische, unnatürliche Gefühlsaccente, falsche Phrasierungen und anderes mehr.

Individualität.

Wenn auch der Künstler zunächst die individuellen Empfindungen des Komponisten erkennen lernen und zum Ausdruck bringen soll, so ist doch auch seine eigene Individualität beim Vortrag von hoher Bedeutung. Sie ist es, die den Vortrag eines und desselben Tonstückes immer frisch und neu erhält.

Das eigene Gefühl wird sich durch innere und äußere Einflüsse beständig verändern, weshalb ein Künstler, der zu einer lebendigen Selbständigkeit gelangt ist, nie ein Stück zum zweitenmale genau ebenso vortragen wird, wie das erstemal. Wo dies jedoch der Fall ist, kann man es als ein Zeichen ansehen, daß der Vortragende noch nicht zur vollen künstlerischen Freiheit gelangt ist.

So sehr nun die Entwickelung der Individualität nötig ist, ebenso sehr muß jedoch der Künstler auf die Reinigung und Läuterung derselben achten.

Die Phrasierung.

Es soll hier über dieses Thema keine eingehende Abhandlung erfolgen, sondern nur über technische Ausführungen beim Violoncellspiel in Bezug auf eine verständnisvolle Phrasierung gesprochen werden. Wie beim Singen und Blasen das Atmen, so ist beim Streichinstrumentenspiel der Bogenwechsel das wichtigste Mittel, um einzelne Phrasenabschnitte klar auseinander halten zu können. Es bietet dieses ja beim Streichinstrument bedeutend mehr Schwierigkeiten als beim Singen, der Mannichfaltigkeit der Bogenstriche wegen — es kommen oft innerhalb einer kurzen Phrase die verschiedensten Stricharten vor — auch soll durchaus nicht gesagt sein, daß bei jedem Phraseneinschnitt der Strich gewechselt werden muß. Da diese Einschnitte jedoch in vielen Fällen mit dem Strichwechsel zusammen fallen können, so soll in der Hauptsache der Spieler sein Augenmerk auf eine richtige, der Phrasierung angemessene Anwendung des Strichwechsels richten.

Folgende Beispiele werden dies näher veranschaulichen.

a) Violoncellkonzert von Saint-Saëns.

Hier muß und kann der Strich im zweiten Takt statt erst nach dem e schon vor demselben gewechselt werden, um richtig zu phrasieren.

b) Trio C-moll von Beethoven.

Andante.

c) Trio B-dur Op. 97 von Beethoven.

Scherzo.

In diesen beiden Beispielen kann ebenfalls der Strichwechsel genau so angewendet werden, wie die Phrasierung durch die kleinen Striche angedeutet ist, natürlich mit Hinzukommen des Strichwechsels zwischen den beiden aufeinander folgenden ges in Beispiel b.

d) Sinfonie C-moll von Beethoven.

Scherzo.

Hier wird von vielen Cellisten der Strich zwischen dem oberen es und d gewechselt, wodurch man leicht zu der Annahme kommen kann, daß solche Spieler sich eine Betonung — falls dieselbe überhaupt statthaft wäre — folgendermaßen denken:

während diese nur so betont werden könnte

und auf einen Strich gespielt werden muß.

Noch mehr in die Augen tritt die Notwendigkeit eines richtigen Strichwechsels bei der späteren Verlängerung dieses Themas:

Diese Stelle kann man oft folgendermaßen hören:

Wäre dieses Tonstück im $^6/_4$ Takt notiert, so würde solche falsche Auffassung und daraus entspringender unrichtiger Vortrag nicht so leicht vorkommen.

ꝛc.

An solchen Stellen, bei denen die Phrasierung nicht durch den Strichwechsel unterstützt werden kann und derselbe **während** des Phrasenabschnittes geschieht, soll man darauf sehen, daß zwischen den Strichen keine Pausen entstehen und die Töne möglichst mit einander verbinden, z. B.

Andante aus dem Konzert von Maligne.

Die Striche — zwischen den Noten bezeichnen die gemeinten Stellen.

Auch folgende Stelle aus dem Konzert von Saint-Saëns veranschaulicht das soeben gesagte:

Stellen, bei denen schnelles Tempo und gemischte Stricharten es dem Spieler weniger gut ermöglichen, klar zu phrasieren, sollen wenigstens im Geiste richtig aufgefaßt werden, dies wird dann auch dem Vortrag zu statten kommen.

Auch der Anwendung des Fingersatzes muß im Interesse einer richtigen naturgemäßen Phrasierung Aufmerksamkeit gewidmet werden, hauptsächlich muß der Spieler Leichtigkeit und Geschmeidigkeit im Wechsel der verschiedenen Handstellungen besitzen.

Folgende Stelle aus dem Konzert von Saint-Saëns, die vom piano an mit langen, weichen Strichen gespielt werden soll, so daß namentlich die, vom Komponisten mit langem Legatobogen bezeichneten Takte wie auf einen Bogenstrich gespielt klingen müssen, hat schon manchem Violoncellisten Schwierigkeit in der Wahl des Fingersatzes gemacht. Der angegebene Fingersatz dürfte den Intentionen des Komponisten wohl entsprechen.

Es gehört gerade zu dieser Stelle, um dieselbe im Geiste des Komponisten vollendet zu interpretieren, eine tadellose Ausbildung der linken Hand und des rechten Armes.

Hervorragende Violoncellisten des 18. und 19. Jahrhunderts.

Abaco, geb. in Verona, lebte in der ersten Hälfte des 18. Jahrh.

Alard, César, geb. 4. Mai 1837 in Cosselies (Belgien), Schüler von Servais, machte Kunstreisen nach England und Amerika, lebt in Paris.

Alexander, Joh., geb. 1770 in Duisburg, gest. 1822, Verfasser einer Schule und versch. Solostücke.

Aliprandi, Bernardo, lebte als Mitglied der Münchener Hofkapelle Mitte des 18. Jahrh.

Appy, Charles Ernest, geb. 25. Okt. 1834 im Haag, Schüler von Franco-Mendes, war Solocellist bei Gungl, Mitgl. des Amsterdamer Parkorchesters, dann abwechselnd in London, Amsterdam und Amerika, errichtete 1882 in Amsterdam eine sehr besuchte Musikschule.

Arnold, Joh. Gottfr., geb. 1. Febr. 1773 zu Niederhall in Württemberg, gest. 26. Juli 1806, Schüler von Willmann und Romberg, war Mitgl. des Frankfurter Theaterorchesters.

Arnold, Carl, geb. 1820, Schüler von Bohrer, lebte in Stockholm.

Aubert, Pierre François Olivier, geb. 1763 in Amiens, gest. 1805, Autodidakt im Violoncellspiel, war Mitgl. des Orchesters der komischen Oper in Paris, schrieb eine der ersten Violoncello-Schulen, Etuden und Sonaten.

Bast, Heinr., geb. 28. Juli 1883 zu Germersheim i. d. Rheinpfalz, Schüler von Hippol. Müller, war Mitgl. der Hofkapellen in München und Mannheim, Solocellist bei Bilse und in Bremen, konzertierte 1887—88 in der Schweiz, im Winter 1888—89 in Hamburg als 1. Cellist am Philharm. Orchester und Lehrer am Konservatorium, ging dann nach London.

Batistin, eigentl. Joh. Bapt. Struck, geb. Ende des 17. Jahrh., gest. 1755 in Paris, wo er als Violoncellist und Komponist theatralischer Komposit. wirkte.

Batta, Alexander, geb. 9. Juli 1816 in Maastricht, Schüler Platels in Brüssel, komponierte Konzerte, Etuden 2c.

Battanchon, Felix, geb. 9. April 1814 in Paris, Schüler von Norblin, Cellist bei der großen Oper. Seine Etuden sind sehr brauchbar.

Baudiot, Charles Nicolas, geb. 29. März 1773 in Nancy, Schüler von Janson, war Lehrer am Pariser Konservatorium, schrieb u. a. Etuden von denen eine neue Ausgabe bei Kistner in Leipzig erschien und die sehr verwendbar sind. Starb 26. Sept. 1849.

Baumgärtner, Joh. Bapt., geb. 1723 in Augsburg, gest. 18. Mai 1782 in Eichstädt, war Kammervirtuose des dortigen Bischofs und reiste viel. Schrieb außer a. auch eine Schule.

Becker, Hugo, geb. 13. Febr. 1863 in Straßburg, ist Sohn Jean Beckers, des Leiters des Florentiner Quartetts, Schüler von Kündiger in Mannheim und Fr. Grützmacher, lebt in Frankfurt a. M.

Bellmann, Richard, geb. 8. Juni 1844 zu Freiberg i. S., Schüler von Kummer und Grützmacher, war Solocellist der Schweriner Hofkapelle, jetzt Mitglied des Heckmannschen Streichquartetts.

Bertau, geb. Anfang des 18. Jahrh., gest. 1756, lebte in Paris, nachdem er Deutschland als Virtuos bereist hatte. Gilt als Begründer der französischen Schule des Violoncellspiels.

Bidaux, Dominique, lebte Ende des 18. und Anfang des 19. Jahrhunderts in Paris, veröffentlichte u. a. eine Schule.

Bieler, August, geb. 9. Mai 1863 in Hamburg, Schüler von Lee und Schröder, seit 1881 erster Violoncellist der Sondershäuser Hofkapelle.

Birnbach, Heinr. Aug., geb. 1782 in Breslau, gest. Mitte dieses Jahrhunderts, war erster Cellist am Theater in Pest und von 1825 an Mitglied der Berliner Hofkapelle.

Boccherini, Luigi, geb. 14. Januar 1743 in Lucca, gest. 28. Mai 1806 in Madrid, machte mit seinen Kompositionen Aufsehen in Paris im Jahre 1770, war Kammermusikus in Berlin, lebte von 1780 an noch sechs Jahre in Madrid. Als Komponist war er sehr geschätzt und fruchtbar; er schrieb u. a. 91 Quartette, 112 Quintette, 42 Trios ꝛc. In den letzten Jahren wurde ein Menuett von ihm sehr beliebt und erschienen von demselben alle nur möglichen Arrangements.

Bockmühl, Robert Emile, geb. 1820 in Frankfurt a. M., gest. 1881 daselbst, war eigentlich Postbeamter, wurde jedoch ein sehr guter Violoncellist und lebte nur seinem Instrumente. Eine Stellung als Cellist hatte er nie, da er sehr vermögend war. In Düsseldorf, wo er Anfang der fünfziger Jahre lebte, verkehrte er mit R. Schumann, welcher sich bei ihm Rat holte betreff seines Violoncellkonzertes. Wie Bockmühl später selbst versicherte, hätte Schumann seinen Rat jedoch wenig befolgt und nur die Fingersatzbezeichnungen (von denen die meisten jetzt auch unbrauchbar sind), stammten von ihm; Schumann wäre sehr eigensinnig während der Komposition seines, teils edel empfundenen, teils Schusterflecken ähnlichen Konzertes gewesen. Von Bockmühl sind viele Kompositionen, Salonstücke und Etuden erschienen, welche jedoch wenig musikalischen Wert besitzen.

Bohrer, Max, geb. 1785 in München, gest. 1867 in Stuttgart, wo er seit 1832 erster Cellist an der Hofkapelle war. Machte Konzertreisen nach Rußland, Italien und Amerika. Komponierte Konzerte, Fantasien &c.

Böckmann, Ferdinand, geb. 28. Januar 1843 in Hamburg, Schüler von Kließ, Lee und Kummer, ist seit 1861 Mitglied der Dresdener Hofkapelle.

Böhm, Carl Leopold, geb. 4. Nov. 1806 in Wien, Schüler Jos. Merks, war Cellist beim Fürsten von Fürstenberg in Donau-Eschingen.

Boerngen, Emil, geb. 2. Febr. 1845, Schüler von Mattys in Hannover und von Grützmacher, war in Helsingfors, in Straßburg an den dortigen Theatern erster Cellist, dann in Salzburg am Mozarteum Lehrer, jetzt Professor an der königlichen Musikschule in Würzburg. Vorzüglicher Lehrer, Solo- und Quartettspieler.

Boubée, Albert, geb. 1850 in Neapel, Schüler von Ciandelli daselbst, bereiste Schweden, Norwegen und Dänemark, war in Spaa engagiert, lebt jetzt in London, gab „La Gymnastique du Violoncelliste“ heraus.

Boumann, (spr. Baumann), Antoon, geb. 1855 in Amsterdam, Schüler Eberles in Rotterdam, vervollkommnete sich durch Lindner in Hannover, Servais, Grützmacher und Jaquard in Paris, bereiste Frankreich und England mit großem Erfolg, wirkt jetzt sehr verdienstlich in Utrecht.

Braga, Gaetano, geb. 9. Juli 1829 in Giuliannova, Schüler von Ciandelli in Neapel, war kurze Zeit Mitglied des Mayseder'schen Streichquartetts in Wien, lebte dann in Paris und Florenz.

Brandoukoff, Anatole, geb. 1859 in Moskau, Schüler von Fitzenhagen, konzertierte in der Schweiz, Frankreich, London, Moskau und Petersburg, lebt jetzt in Paris.

Breval, Jean, Bapt., geb. 1756 im Departement Aisne, gest. 1825 in Chamouille bei Laon, Schüler von Cupis, war an der Pariser Oper und Lehrer am dortigen Konservatorium, schrieb Konzerte, Duette, eine Schule &c.

Breuer, Bernh., geb. 1808 in Cöln, Schüler von Ganz in Berlin, war thätig in Paris und London, dann in Cöln als 1. Cellist am Theater, übernahm 1845 eine Musikalienhandlung.

Brückner, Oskar, geb. 2. Januar 1857 in Erfurt, Schüler von Herlitz in Ballenstedt und von Grützmacher, konzertierte mit Glück in Holland, Polen und Rußland, war Solocellist am Hoftheater in Neustrelitz, seit 1886 in Wiesbaden am königl. Theater und Lehrer am Konservatorium.

Büchler, Ferdinand, geb. 17. März 1817 in Darmstadt, Schüler von Mangold daselbst und von Menter in Wien, war bis 1881 Mitglied der Hofkapelle in Darmstadt.

Buononcini, Giovanni Bat., geb. 1668 in Modena, Schüler von Colonna in Bologna, war angestellt in der kaiserl. Kapelle zu Wien, komponierte Werke für Violoncello und sehr viele Opern.

Cabisius, Julius, geb. 15. October 1841 in Halle, Schüler von Goltermann, war Mitglied der Hofkapellen in Löwenberg und Meiningen, seit 1877 erster Cellist der Stuttgarter Hofkapelle.

Caporale, B., lebte Anfang des 18. Jahrh., wirkte in London unter Händel und war daselbst an der ital. Oper angestellt.

Cervetto, Jacobo Bassevi, geb. 1682 in Italien, gest. 1783 im Alter von 101 Jahren, war in London Orchestermitglied am Drury-Lane-Theater, später Direktor desselben, als welcher er sich ein großes Vermögen sparte. Sein Sohn

Cervetto, James, geb. 1747 in London, gest. 90 Jahre alt 1837, Solocellist der Königin von England, veröffentlichte mehrere Violoncellkompositionen.

Chevillard, Pierre Alex. Francois, geb. 15. Januar 1811 in Antwerpen, gest. 1877, Schüler von Norblin in Paris, war Solocellist am „Théâtre Gymnase“ und an der ital. Oper, wurde 1859 Lehrer am Konservatorium, machte sich verdient um die Einführung der letzten Quartette von Beethoven in Paris, reiste auch als Mitglied des Streichquartettvereins, welchem Maurin als Primgeiger an der Spitze stand, nach Deutschland. Veröffentlichte verschiedene Violoncell-Kompositionen, auch eine Schule.

Christiani, Lisa, geb. 24. Dezember 1827 in Paris, gest. 1853 in Tobolsk an der Cholera, konzertierte in Deutschland, Dänemark und Rußland. Mendelssohn widmete ihr das bekannte Lied ohne Worte in D-dur.

Coßmann, Bernhard, geb. 17. Mai 1822 in Dessau, Schüler von Kummer und Drechsler, war in Paris und London thätig, wurde 1848 Solocellist am Leipziger Gewandhausorchester, ging 1852 nach Weimar, 1866 nach Moskau als Lehrer an das dortige Konservatorium. Seit 1878 Lehrer am Hochschen Konservatorium in Frankfurt a. M. Veröffentlichte Konzertstücke und Etuden.

Cupis, Jean Bapt., geb. 1741 in Paris, Schüler Bertans, war Mitglied des Pariser Opernorchesters, begab sich 1771 auf Kunstreisen, lebte später in Mailand. Hervorragende Schüler von ihm waren Bréval und Levasseur.

Dall'Oglio, Giuseppe, geb. 1700 in Venedig oder Padua, war Solocellist am russ. Hof in Petersburg bis 1763, ging dann nach Italien zurück.

Dahmen, Jean Arnold, geb. 1760 im Haag, lebte in London, wo er am Drury-Lane-Theater angestellt war, bereiste zu Ende des 18. Jahrh. Deutschland.

Dancla, Arnaud, geb. 1. Januar 1820 in Bagnières de Bigorre, Schüler Norblins in Paris, war vorzüglicher Quartettspieler, veröffentlichte verschiedene Salonstücke, Etuden und eine Schule.

Danzi, Franz, geb. 15. Mai 1763 in Schwetzingen, gest. 13. April 1826 in Karlsruhe, war 1778 in der Münchener Theaterkapelle angestellt, wandte sich der Opernkomposition und dem Dirigentenfach zu und wurde 1807 Hofkapellmeister in Stuttgart, 1808 in Karlsruhe.

Davidow, Carl, geb. 15. März 1838 zu Goldingen in Kurland, gest. 1889 in Petersburg, Schüler von Carl Schuberth daselbst, wurde 1860 erster Cellist am Gewandhaus und Lehrer am Konservatorium in Leipzig, reiste dann viel und wurde 1861 in Petersburg zum kaiserl. Solocellisten, sowie kurz darauf zum Lehrer am Konservatorium ernannt. 1876 wurde er Direktor dieses Institutes und Dirigent der Konzerte der kaiserl. russischen Musikgesellschaft. Komponierte Konzerte und Salonstücke, von denen „Am Springbrunnen“ das bekannteste ist.

Dechert, Hugo, geb. 16. Sept. 1860 in Potschappel bei Dresden, Schüler von Hausmann in Berlin, seit 1881 Königl. Kammermusikus in Berlin.

Demunk, Francois, geb. 6. Okt. 1815 in Brüssel, gest. 28. Febr. 1854 daselbst, Schüler von Platel, wurde 1835 Nachfolger seines Lehrers am Brüsseler Konservatorium, konzertierte 1845 in England und Deutschland, war einige Jahre später Mitglied im Orchester des „Her Majesty Theatre“ in London und ging 1853 nach Brüssel zurück. Sein Sohn

Demunk, Erneste, geb. 21. Dezember 1840 in Brüssel, war Schüler seines Vaters und Serais', konzertierte in England, war von 1868—76 Mitglied des Maurinschen Quartettes in Paris, dann 1. Cellist in Weimar, lebt, mit Carlotti Patti verheiratet in Amerika.

Deswert, Jules, geb. 16. Aug. 1843 in Löwen (Belgien), Schüler von Servais, war von 1865 an eine zeitlang in Düsseldorf thätig, von 1868—69 erster Cellist der Hofkapelle in Weimar, dann bis 1873 Solocellist der königl. Kapelle und Lehrer an der Hochschule in Berlin, wohnte darauf in Wiesbaden und befindet sich viel auf Konzertreisen. Außer Violoncellkompositionen (Konzerte, Etuden, Schule rc.) schrieb Deswert auch zwei Opern: „Die Albingenser" und „Graf Hamerstein".

Deswert, Isidore, geb. 6. Januar 1830 in Löwen, Schüler des Brüsseler Konservatoriums, von 1850 an Lehrer daselbst und seit 1857 Solocellist am Theater „de la Monnaie".

Domergue, Claude, geb. 1734 in Beaucaire, wirkte nur in seiner Geburtsstadt und starb während der Revolution 1794 auf dem Schaffot.

Dont, Joseph Valentin, geb. 15. April 1776 zu Niedergeorgenthal in Böhmen, gest. 14. Dez. 1833, Schüler von Stiastny in Prag, von 1804 bis 1828 Mitglied des Orchesters am Wiener Kärnthner-thor-Theater, dann am Burgtheater. Sein Sohn ist der bekannte Wiener Geiger Jakob Dont.

Dotzauer, Justus Joh. Friedr., geb. 20. Jan. 1783 in Häselrieth bei Hildburghausen, gest. 6. März 1860 in Dresden, Schüler von Kriegk in Meiningen und von Romberg, war von 1800—1805 in der Meininger Hofkapelle, dann bis 1811 am Leipziger Gewandhaus, darauf bis zu seiner Pensionierung 1850 in der Dresdener Hofkapelle angestellt. Komponierte sehr viel, außer vortrefflichen Studienwerken für Violoncello auch Sinfonien, Ouvertüren, eine Oper rc.

Diem, Jos., geb. 1836 in Kellmünz bei Memmingen, Schüler von Coßmann, 1866 Lehrer am Konservatorium in Moskau, machte viel Reisen und ging 1872 nach Amerika. 1889 errichtete er in Konstanz eine Musikschule.

Drechsler, Carl, geb. 27. Mai 1800 in Dessau, gest. 1873 in Dresden, Schüler von Dotzauer, 50 Jahre lang erster Cellist der Hofkapelle in Dessau, bildete viel namhafte Schüler aus, u. a. Grützmacher, Lindner, Schröder, Coßmann. Sein Sohn

Drechsler, Louis, geb. 5. Okt. 1822 in Dessau, Schüler seines Vaters, lebt in Edinburg.

Duport, Jean Pierre, geb. 27. Nov. 1741 in Paris, gest. 31. Dez. 1818 in Berlin, Schüler von Berteau, von 1773 an erster Cellist der Berliner Hofkapelle, Lehrer Friedrichs d. Gr., welcher ihn 1787 zum Oberintendanten der Kammermusik ernannte. Sein Bruder

Duport, Jean Louis, geb. 4. Okt. 1749 in Paris, gest. 7. Sept. 1819,

Schüler seines Bruders, von 1789—1806 erster Cellist der Berliner Hofkapelle, dann nach verschiedenen Reisen kaiserlicher Solocellist und Lehrer am Konservatorium in Paris. Von seinen vielen Kompositionen für sein Instrument sind die 21 Exercices noch heute sehr verwendbar, ja eines der besten Etuden-Werke. Eine neue Ausgabe derselben, revidiert von Schröder, erschien bei Schlesinger in Berlin

Eberle, Oskar, geb. 5. Juni 1841 in Krossen a. d. Oder, Schüler von Grützmacher, wirkt seit 1867 in Rotterdam als erster Cellist der „Matchappy tat bevordering der Toonkunst“ und Lehrer der Musikschule.

Ebert, Ludwig, geb. 13. April 1834 zu Schloß Kladnau in Böhmen, Schüler des Prager Konservatoriums und Goltermanns in Wien, von 1853—74 erster Cellist der Oldenburger Hofkapelle, dann bis 1888 am Kölner Gürzenich-Orchester und Lehrer am Konservatorium, jetzt in Wiesbaden lebend.

Espenhahn, L., geb. in Sandersleben, gest. 1879 in Berlin, war Mitglied der Dessauer Hofkapelle, dann 1837 Accessist der königl. Kapelle in Berlin, eine zeitlang Mitglied der Hauskapelle des russischen Fürsten Narischkin, nach dessen Tode wieder in der königl. Kapelle zu Berlin.

Eisenberg, Max, geb. 1860 in Braunschweig, Schüler Schröders am Leipziger Konservatorium, Solocellist der Laubeschen Kapelle in Hamburg und Mitglied des dortigen Philharmonischen Orchesters.

Ferroni, Carlo, geb. gegen 1730 in Piacenza, gest. 1789 in Parma, woselbst er am Hofe angestellt war; soll der erste italienische Cellist gewesen sein, welcher sich des Daumenaufsatzes bedient hat.

Fesch, Wilhelm de, geb. Ende des 17. Jahrh. in den Niederlanden, gest. in der zweiten Hälfte des 18. Jahrh. in London; wirkte in Antwerpen als Kapellmeister an der Kathedrale, dann von 1731 an in London.

Filtz, Anton, geb. gegen 1740, gest. 1768 in Mannheim, Mitglied der kurfürstlichen Kapelle daselbst.

Fischer, Adolphe, geb. 22. Nov. 1850 in Brüssel, Schüler von Servais, machte sich auf Kunstreisen bekannt, war in den letzten Jahren krank und ist sehr herabgekommen im Spiel.

Fitzenhagen, Carl Friedr. Wilhelm, geb. 15. Sept. 1848 in Seesen, Schüler Grützmachers, von 1868—70 Mitglied der Dresdener Hofkapelle, von da an Prof. am kaiserl. Konservatorium in Moskau und Konzertmeister an der kaiserlich russischen Musikgesellschaft. F. ist auch ein sehr begabter Komponist, was seine Violoncellkompositionen und Kammermusikwerke beweisen.

Fleischmann, Joh. Georg, gegen Ende des 18. Jahrhunderts Mitglied der Berliner Hofkapelle, mußte 1792 den König auf seinem Feldzug gegen die Franzosen begleiten.

Franchomme, Auguste, geb. 10. April 1808 in Lille, gest. 21. Januar 1884 in Paris, Schüler von Levasseur und Norblin, war an mehreren Pariser Operntheatern thätig, hauptsächlich an der italienischen Oper, von 1846 an Lehrer am Konservatorium. Von seinen Kompositionen sind die 12 Kaprizen Op. 7 sehr verwendbar zum Studium.

Franciscello, geb. Ende des 17. Jahrhunderts in Italien, gest. in der zweiten Hälfte des 18. Jahrhunderts, führte das Violoncellspiel in Italien ein, wodurch die Gambe verdrängt wurde, war von 1730 an kaiserlicher Kammermusiker in Wien.

Franco-Mendes, Jacques, geb. 1812 in Amsterdam, Schüler von Merk in Wien, konzertierte mit Erfolg in Deutschland im Jahre 1833, war Kammervioloncellist des Königs von Holland, lebte seit 1860 in Paris.

Friedrich Wilhelm II., König von Preußen, Schüler von Duport dem älteren, soll vortrefflich Violoncell gespielt haben. Beethoven widmete ihm seine beiden Cellosonaten Op. 5.

Gabrieli, Domenico, geb. 1640 in Bologna, gest. 1690, der erste bedeutende Violoncellist Italiens, wirkte an der Kirche S. Petranio in Bologna, später im Dienste des Kardinals Panfili in Rom.

Ganz, Moritz, geb. 1804 in Mainz, gest. 1868, Schüler von Stiastny, war von 1826 an erster Violoncellist der Berliner Hofkapelle.

Gasparino, Quirino, war 1749 Kapellmeister am Turiner Hofe, welche Stellung er über 30 Jahre lang bekleidete.

Giese, Fritz, geb. 2. Jan. 1859 im Haag, Schüler von Grützmacher und Jacquard, lebt in Boston.

Giese, Joseph, Vater des Vorigen, geb. 24. Nov. 1821, in Koblenz, Schüler von Ganz, lebt im Haag als Lehrer der königl. Musikschule.

Goltermann, Georg Eduard, geb. 19. Aug. 1824 in Hannover, Schüler von Prell daselbst und von Mentor, wurde, nachdem er ein Jahr lang konzertierte, 1852 Musikdirektor in Würzburg und ist seit 1850 Kapellmeister am Stadttheater in Frankfurt a/M. Seine Violoncellkompositionen: Konzerte, Romanzen, Nocturnos 2c. sind sehr beliebt.

Goltermann, Joh. Aug. Julius, geb. 25. Juli 1825 in Hamburg, gest. 4. April 1876 in Stuttgart, Schüler von Kummer, war von

1850—62 Lehrer am Prager Konservatorium, dann bis 1870 erster Violoncellist der Hofkapelle in Stuttgart.

Gowa, Albert, geb. 14. April 1843, Schüler von Grützmacher und Davidow, war Solocellist am Bückeburger Hofe und wirkt seit vielen Jahren in Hamburg als erster Cellist und Lehrer.

Grabau, Joh. Andreas, geb. 19. Okt. 1809, gest. 1884, Schüler von Knoop und Kummer, war über 50 Jahre Mitglied des Leipziger Gewandhausorchesters.

Graf, Gebhard, geb. 4. Febr. 1843 in Bayern, Schüler des Münchener Konservatoriums, war 1866 Solocellist an der Sondershäuser Hofkapelle als Nachfolger Schröders, dann nach 6 Jahren an der Bilseschen Kapelle, wieder als Schr. Nachfolger und wurde endlich 1874 in Braunschweig beim Weggange Schröders nach Leipzig an dessen Stelle als erster Cellist angestellt. Gegenwärtig hat er seine Thätigkeit wegen hochgradiger Nervosität einstweilen einstellen müssen.

Graul, Markus Heinrich, geb. in der ersten Hälfte des 18. Jahrh., war Mitglied der Berliner Hofkapelle.

Graziani, geb. zu Anfang des 18. Jahrh. in Italien, gest. 1787 in Potsdam, war vor Duport Lehrer des Kronprinzen von Preußen, nachmaligen Königs Friedr. Wilh. II.

Griebel, Julius, geb. 25. Okt. 1809 in Berlin, gest. 1865, Schüler von Max Bohrer, war von 1827 an Solocellist der königlichen Kapelle.

Groß, Joh. Benjamin, geb. 12. Sept. 1809 in Elbing, starb 1848 in Petersburg an der Cholera, war Mitglied des Königstädter Theaters in Berlin, konzertierte in Leipzig, ging dann nach Dorpat an das Davidsche Quartett; hierauf wirkte er von 1835 bis 1847 als erster Cellist am kaiserlichen Theater in Petersburg, ging nach seiner Pensionierung nach Deutschland zurück, folgte aber bald wieder einem Rufe des Großfürsten Michael nach Petersburg, worauf er bald starb. Von seinen Kompositionen erschienen Etuden, Duette, Konzerte rc.

Grünfeld, Heinr., geb. 21. April 1855 in Prag, Schüler am dortigen Konservatorium von Hegenbarth, von 1873—75 Solocellist an der komischen Oper in Wien, seit 1876 in Berlin thätig als Solist und Lehrer, wurde 1887 königl. preuß. Hofcellist.

Grützmacher, Friedr. Wilh., geb. 1. März 1832 in Dessau, Schüler Drechslers daselbst, ging 1848 nach Leipzig, wo er 1850 die Stelle Koßmanns als erster Cellist der Gewandhauskonzerte und Lehrer am Konservatorium erhielt. 1860 wurde er von Rietz nach Dresden berufen, wo er seitdem als erster Cellist der Hofkapelle wirkt. Auf seinen Konzertreisen in Deutschland, Österreich, Rußland, Italien, England rc. hatte er stets die größten Erfolge und wurde vielfach durch Orden und Titel ausgezeichnet. Als Lehrer bildete Gr. viele hervorragende Cellisten aus und als Komponist veröffentlichte er zahlreiche Werke.

Grützmacher, Leopold, Bruder des vorigen, geb. 4. Sept. 1835 in Dessau, Schüler Drechslers und seines Bruders, war Mitglied des Gewandhausorchesters in Leipzig, der Hofkapelle in Schwerin, des deutschen Landestheaters in Prag, der Meininger Hofkapelle, ist seit 1876 erster Cellist der Hofkapelle in Weimar mit dem Titel Konzertmeister. Veröffentlichte von seinen Kompositionen u. a. zwei Konzerte und Salonstücke. Sein Sohn und Schüler Friedrich ist ebenfalls an der Weimarer Hofkapelle angestellt.

Hansmann, O. F. G., geb. 30. Mai 1769 in Potsdam, gest. 4. Mai 1836, Schüler von Duport dem älteren, wurde bereits in seinem 15. Jahre Mitglied der königlichen Kapelle in Berlin, 1790 wurde er daselbst Chordirektor, 1809 Organist an der Petrikirche, 1833 wurde er zum königlichen Rechnungsrat ernannt.

Hanemann, Moritz, geb. 28. Febr. 1807 zu Löwenberg in Schlesien, gest. 7. Jan. 1884 in Berlin, von 1832 an Mitglied der königl. Kapelle daselbst.

Heinl, Georg, geb. 16. Nov. 1807 in Issoine, gest. 5. Juni 1873 in Paris, Schüler des dortigen Konservatoriums, war Theaterkapellmeister in Lyon, 1863 Direktor der großen Oper in Paris, 1864 Direktor der Konservatoriumskonzerte daselbst.

Hartmann, Albert, geb. 13. Okt. 1854 zu Lichtenau im Großherzogtum Weimar, Schüler vom königlichen Kammermusikus Lorleberg in Hannover, war Solocellist der Langenbachschen Kapelle in Barmen, seit 1879 in der Hofkapelle zu Mannheim angestellt.

Hausmann, Robert, geb. 13. Aug. 1852 in Rottleberode am Harz, Schüler von Theodor Müller in Braunschweig, Wilh. Müller in Berlin und Piatti, Mitglied des Gräfl. Hochbergschen Streichquartetts, seit 1876 Lehrer an der Berliner Hochschule und Mitglied des Joachimschen Quartetts, erhielt 1884 den Titel Professor. Konzertiert viel, namentlich in London.

Hauschka, Vincenz, geb. 21. Jan. 1766 zu Mies in Böhmen, gest. 1840 in Wien, Schüler von Böhm daselbst, machte Kunstreisen in Österreich und Deutschland, trat dann aber bald in den kaiserlichen Staatsdienst über.

Häusler, Ernst, geb. 1761 in Stuttgart, gest. 1837 in Augsburg, war thätig als Cellist in Wien, Berlin, Zürich und Augsburg,

In letzterer Stadt war er schließlich bis zu seinem Tode Chordirektor an der evangelischen Kirche.

Heberlein, Hermann, geb. 29. März 1859 in Markneukirchen, Schüler Schröders am Leipziger Konservatorium, seit 1877 erster Cellist am Königsberger Stadttheater und seit 1883 Lehrer an der dortigen Musikschule. Schrieb eine Schule Etuden, Solostücke.

Hegar, Emil, geb. 3. Jan. 1843 in Basel, Schüler von Grützmacher, von 1866—1875 erster Cellist des Gewandhausorchesters und Lehrer am Konservatorium in Leipzig, gab eines Handleidens wegen das Violoncellspiel auf und wirkt als Gesanglehrer in Basel.

Hegenbarth, Franz, geb. 10. Mai 1818 zu Gersdorf in Böhmen, gest. 20. Dez. 1887 in Prag, Schüler von Hüttner daselbst, von 1865 bis zu seinem Tode Lehrer am Konservatorium in Prag.

Hegyesi, Louis, geb. 3. Novemb. 1853 in Arpás (Ungarn), Schüler des Wiener Konservat. und Franchommes, war 1870—75 Mitgl. des Wiener Hofopernorchesters, trat dann in das Florentiner Quartett ein. Nach dessen Auflösung reiste er, bis er 1887 erster Cellist der Gürzenichkonzerte und Lehrer am Konservat. in Köln wurde.

Henriques, Robert, geb. 14. Dez. 1858 in Kopenhagen, Schüler von Grützmacher und Popper, konzertierte in Deutschland und Frankreich, lebt jetzt in seiner Vaterstadt als Violoncellist und Orchesterdirigent. Veröffentlicht sind von demselben mehrere Solostücke, Transskriptionen, Klavierstücke, Orchesterstücke ꝛc.

Herner, Julius, geb. 27. Juni 1866 in Hannover, Schüler Carl Schröders, seit 1887 Solocellist der Mannschen Kapelle im Krystallpalast zu London.

Hecking, Schüler der belgischen und französischen Schule, war Solocellist des Berliner Philharm. Orchesters, jetzt daselbst als Lehrer wirkend.

Hetzel, M., geb. 12. Sept. 1850 in Staßfurt, Schüler von Servais in Weimar und Stahlknecht in Berlin, Mitgl. der Hofkapelle in Mannheim. Komponierte Solostücke für Violoncello u. a. ein Konzert.

Herlitz, William, geb. 21. Juni 1839 in Meuselwitz (Herzogtum Altenburg), Schüler von Grützmacher, 1858 Solocellist bei Bilse, seit 1861 in gleicher Eigenschaft Konzertmeister der Herzogin von Anhalt-Bernburg in Ballenstedt.

Hilpert, Friedrich, geb. 4. März in Nürnberg, Schüler Grützmachers in Leipzig, war Mitglied der Hofkapelle in Karlsruhe, des Florentiner Quartettes, der Wiener Hofkapelle, der Meininger Hofkapelle und ist gegenwärtig in der Hofkapelle zu München thätig.

Himmelbauer, Wenzel, geb. 1724 in Böhmen, wirkte in Prag und Wien bis gegen Ende des 18. Jahrh.

Howell, Eduard, geb. 5. Febr. 1846 in London, Schüler Piattis, Mitglied verschiedener Opernorchester, Konzertinstitute und Musikschulen in London.

Hummer, Reinhold, geb. 7. Oktober 1855 in Linz, Schüler des Wiener Konservat. unter Schlesinger und Röver, seit 1873 Mitglied des Wiener Hofopernorchesters, von 1878 an Solocellist und Lehrer am Konservatorium.

Hus-Desforges, Pierre Louis, geb. 1773 in Toulon, gest. 1838 in Pont le Voy, Schüler von Janson am Pariser Konservatorium, war abwechselnd Theaterkapellmeister und Cellist in verschiedenen Städten Frankreichs. Seine Kompositionen waren früher beliebt, auch schrieb er eine Violoncellschule.

Hüttner, Joh. Nepomuk, geb. 1. Jan. 1793, Schüler von Zimmermann, von 1822 an Lehrer am Konservatorium und erster Cellist am Theater in Prag.

Jacchini, Giuseppe, lebte Ende des 17. und erste Hälfte des 18. Jahrh. und war bei der Kirche S. Petronio in Bologna angestellt; soll einer der besten Cellisten seiner Zeit gewesen sein.

Jacobowsky, Hermann, geb. 19. Okt. 1846 in Neustrelitz, Schüler von Griebel in Berlin, seit 1868 Kammermusiker an der königl. Kapelle.

Jacquard, Leon Jean, geb. 3. Nov. 1826 in Paris, gest. 27. März 1886, Schüler von Hus-Desforges und Norblin, war Mitglied der Konservatoriumskonzerte und Lehrer am Konservatorium.

Jacquard, Louis Auguste, Bruder des vorigen, geb. 1832 in Pont le Vay, Schüler des Pariser Konservatoriums, ist Mitglied des Orchesters der Konservatorium-Konzerte.

Janson, Jean Baptist Aimé, geb. 1742 in Valenciennes, gest. 1803 in Paris, Schüler Berteaus, machte erfolgreiche Konzertreisen nach Deutschland, Dänemark, Schweden, Polen und wurde bei der Gründung des Pariser Konservatoriums als Lehrer angestellt.

Jäger, Johann, geb. 1748 zu Schlitz in Hessen, soll Autodidakt und ein ganz origineller Cellist gewesen sein, den Daumenaufsatz nur in den notwendigsten Fällen angewendet haben und doch großartiges geleistet haben. Jäger war früher Oboe- und Waldhornbläser und in Stuttgart, sowie in der Anspach-Bayreuther Kapelle thätig. Als Cellist machte er Kunstreisen, u. a. nach London. Seine beiden Söhne wurden von ihm zu tüchtigen Cellisten ausgebildet, der älteste, Johann Zacharias Leonhard, war Kammermusikus beim Markgrafen von Anspach, der jüngere, Ernst, welcher noch Rombergs Schüler wurde, war Solocellist an der Münchener Hofkapelle.

Jäger, Hugo, geb. 17. Mai 1848 in Warmbrunn, Schüler Poppers und Grützmachers, war Mitglied der Hofkapellen in Löwenberg, Altenburg, Braunschweig, jetzt 1. Cellist in Dessau.

Joannini de Violoncello, lebte Mitte des 18. Jahrhunderts in Rom, woselbst er Kapellmeister an der Peterskirche war.

Johnson, Barthol., geb. zu Anfang des 18. Jahrhunderts in England, feierte am 3. Oktober 1810 in Scarborough seinen 100. Geburtstag.

Kahnt, Moritz, geb. 27. April 1836 in Löbnitz bei Leipzig, Schüler Grützmachers, seit 1855 erster Cellist der Konzerte und Lehrer an der Musikschule in Basel.

Karasowski, Moritz, geb. 22. Sept. 1823 in Warschau, Schüler des Musikdirektors Kratzer daselbst, seit 1864 königlicher Kammermusikus in Dresden.

Katerbaum, Aug., geb. 21. Okt. 1841 in Burg bei Magdeburg, Schüler von Drechsler und Servais, seit 1872 erster Violoncellist am Stadttheater in Hamburg.

Kellermann, Christian, geb. 27. Januar 1815 in Randers (Jütland), gest. 3. Dezember 1866 in Kopenhagen, Schüler von Merk in Wien, verschaffte sich auf Konzertreisen einen bedeutenden Ruf, war erster Violoncellist in der königlichen Kapelle zu Kopenhagen.

Kelz, Joh. Friedr., geb. 11. April 1786 in Berlin, gest. 1862, war königlicher Kammermusiker daselbst und ein gesuchter Lehrer für sein Instrument.

Klengel, Julius, geb. 24. Sept. 1859 in Leipzig, Schüler Hegars daselbst, neben Alw. Schröder erster Cellist am Leipziger Gewandhaus und Lehrer am Konservatorium, veröffentlichte auch verschiedene empfehlenswerthe Kompositionen.

Kletzer, Feri, geb. um 1830 in Ungarn, machte sich auf Konzertreisen Ruf, komponierte gehaltlose Solostücke.

Klietz, Magnus, geb. 29. April 1828 in Altenkirchen auf Rügen, Schüler von Ganz in Berlin, war 1850—1867 erster Cellist am Stadttheater in Hamburg, dann Mitglied des Philharm. Orchesters, jetzt erster Cellist der Bülowschen Konzerte.

Knoop, Gustav, geb. 1805 in in Meiningen, gest. 1849 in Philadelphia, war bis 1842 Mitglied der herzogl. Meiningenschen Kapelle.

Koch, Friedr., geb. 3. Juli 1862 in Berlin, Schüler von Hausmann, seit 1883 königlicher Kammermusikus, bereitet sich unter Kapellmeister Radecke zur Dirigenten-Laufbahn vor.

Köhler, Otto, geb. 21. Dezember 1861 in Neuhaldensleben bei Magdeburg, Schüler Grützmachers, von 1883—1885 in der Koburg-Gothaschen Hofkapelle, seitdem erster Cellist in Neustrelitz.

König, Max, geb. 6. Dezember 1846 zu Coswig in Anhalt, Schüler von Stahlknecht in Berlin, seit 1875 königlicher Kammermusiker daselbst.

Krabbe, F., geb. 1. April 1842 zu Behrendorf b. Greifswald, Schüler von Grützmacher, erster Cellist des Stadttheaterorchesters in Stettin und Lehrer am Konservatorium daselbst.

Krafft, Anton, geb. 30. Dezember 1752 zu Rokitzau in Böhmen, gest. 28. August 1820 in Wien, woselbst er an der kaiserlichen Kapelle und später an verschiedenen fürstlichen Kapellen wirkte. Sein Sohn und Schüler

Krafft, Nicolaus, geb. 14. Dezember 1778 zu Esterhazy, gest. um 1860, war Mitglied der Hofkapelle in Wien und Stuttgart, machte Kunstreisen mit Hummel im Jahre 1818.

Kriegk, J., geb. 1750 in Bibra bei Merseburg, gest. in der ersten Hälfte des 18. Jahrhunderts, Schüler von Duport dem jüngeren, wirkte in Meiningen an der Hofkapelle.

Krumbholz, Theodor, Schüler Grützmachers, war erster Violoncellist der Hofkapelle in Stuttgart, starb noch jung.

Kufferath, Wilh., geb. 6. April 1853 in Mühlheim a. d. Ruhr, Schüler von Rensburg, war Mitglied der Bilseschen Kapelle, der Hofkapelle in Meiningen, seit 1878 Solocellist der Hofkapelle in Oldenburg.

Kummer, Friedr. Aug., geb. 5. August 1797 in Meiningen, gest. 22. Mai 1879 in Dresden, Schüler Dotzauers, war 50 Jahre Mitglied der königlichen Kapelle in Dresden, wirkte als Lehrer hauptsächlich am Konservatorium daselbst bis zu seinem Tode. Schrieb eine Schule, Etuden und viel leichte Vortragsstücke für Dilettanten. Er bildete u. a. Coßmann und Julius Goltermann aus.

Lamarc, Michel Hunel de, geb. 1772 in Paris, gest. 1823, Schüler Duports des jüngeren, war Lehrer am Pariser Konservatorium, bereiste Deutschland und Rußland, wurde in Petersburg als Solist am kaiserlichen Hofe angestellt, ging 1809 wieder zurück nach Paris.

Lang, Anton, geb. 10. November 1850 in Karlsbad, Schüler Hegenbarths am Prager Konservatorium, seit 1877 erster Cellist und Kammervirtuos in Schwerin.

Lange, Daniel de, geb. gegen 1840 in Rotterdam, Schüler von Servais, bereiste Österreich, war drei Jahre Lehrer an der Musikschule in Lemberg, wurde 1863 an der Rotterdamer Musikschule angestellt.

Lassere, Jules, geb. 29. Juli 1838 in Tarbes (Frankreich), Schüler des Pariser Konservatoriums, machte Konzertreisen in Frankreich und Spanien, von 1869 an in London wirkend.

Lee, Sebastian, geb. 24. Dezember 1805 in Hamburg, gestorben daselbst 4. Januar 1887, Schüler des alten Prell, konzertierte in Deutschland, Frankreich und England, war 1837—68 Solocellist der großen Oper in Paris und ging dann nach Hamburg zurück, wo er in den Philharmonischen Konzerten mitwirkte. Cello-Schule. Es erschienen von ihm sehr viel Kompositionen für Violoncell. Sein jüngerer Bruder

Lee, Louis, geb. 1819 in Hamburg, machte auch viel Konzertreisen, wirkte lange Jahre im Philharmonischen Orchester seiner Vaterstadt und lebt noch daselbst. Kompositionen (Kammermusikwerk, Orchester ꝛc.).

Levasseur, Jean Henri, geb. gegen 1765 in Paris, gest. 1823 daselbst, Schüler von Cupis und Duport d. J., war Mitglied des Pariser Opernorchesters und Lehrer am Konservatorium, als welcher er Mitarbeiter der „Méthode de Violoncelle par Mrs. Baillot, Levasseur, Catel et Baudiot“ wurde, welche 1804 erschien.

Levasseur, Pierre François, geb. 1753 in Abeville, gest. bald nach 1815, Schüler von Duport d. J., war Mitglied des Opernorchesters in Paris.

Lindley, Robert, geb. 1775 in Rotherthamn (England), gest. 1855 in London, Schüler von Cervetto dem Jüngeren, war erster Cellist am King-Theatre, sowie an verschiedenen Konzertgesellschaften in London.

Lindner, August, geb. 29. Okt. 1820 in Dessau, gest. 1878 in Hannover, Schüler Drechslers, von 1837 an in der Hofkapelle zu Hannover angestellt. Von seinen Kompositionen ist das Konzert e-moll am bekanntesten.

Lindner, Wilh., war erster Cellist am Hoftheater in Karlsruhe, starb 19. Aug. 1887.

Linke, Joseph, geb. 8. Juni 1783 zu Trachenberg in Schlesien, gest. 26. März 1837 in Wien, war Orchestermitglied am Breslauer Theater, dann Mitglied des gräflich Rasoumowskyschen Quartettes in Wien, später Solocellist am Theater an der Wien und von 1830 an an der kaiserlichen Hofoper. Wurde von Beethoven sehr geschätzt als Künstler.

Lochner, Karl, 1760—1795, Mitglied der kurfürstlichen Kapelle in Mannheim.

Lolli, Filippo, geb. 1773 in Stuttgart, Sohn des Violinvirtuosen Antonio Lolli, konzertierte in Berlin, Kopenhagen, Wien rc.

Lotze, Wilh., geb. 1817 in Berlin, Schüler von Ganz, war von 1837—72 in der königlichen Kapelle angestellt.

Lucas, Charles, geb. 1808 in Salisbury (England), gest. 1876 in London, Schüler Lindleys, war erster Cellist der italienischen Oper und darauf Orchesterchef der königlichen Musikakademie.

Lübbe, Carl, geb. 1839 in Halberstadt, gest. 1888 in Dessau, wo er nach Drechslers Pensionierung erster Cellist wurde. Schüler von Grützmacher.

Lübeck, Louis, geb. 14. Februar 1838 im Haag, Schüler von Jacquard in Paris, war erster Cellist in Leipzig, Frankfurt a. M., Karlsruhe, Sondershausen, seit 1881 Solocellist in der Berliner Hofkapelle. Machte viel Kunstreisen nach Frankreich, Holland, England, Amerika rc.

Lüdemann, Otto, geb. 7. Sept. 1864 in Bernkastel a. d. Mosel, Schüler von Ebert und Hausmann, seit 1884 königl. Kammermusikus in Berlin und Lehrer an der Hochschule.

Manecke, Fritz, geb. 30. Mai 1844, Schüler von Griebel und der königl. Hochschule in Berlin, von 1872 königl. Kammermusikus, seit 1871 Vorspieler in der königl. Kapelle daselbst. Bildete viele tüchtige Cellisten aus, veröffentlichte verschiedene Arrangements von Arien und Liedern rc.

Mangold, Aug. Daniel, geb. 1775 in Darmstadt, gest. 1842 daselbst, Mitglied der Darmstädter Hofkapelle.

Mora, Ignaz, geb. gegen 1721 in Deutschbrod (Böhmen), gest. um 1783 in Berlin, wo er Mitglied der königl. Kapelle war. Sein Sohn und Schüler

Mora, Baptist, geb. 1744, gest. 1808 in Schiedam bei Rotterdam, war ein sehr begabter Künstler, führte jedoch ein leichtsinniges Leben und starb an der Trunksucht. Seine Frau Getrude Elisabeth geb. Schmehling war eine der gefeiertsten Sängerinnen ihrer Zeit.

Martin, Alfred, geb. 12. März 1870 in Bad Elster, Schüler von Karl Schröder und Alwin Schröder, seit 1889 Solocellist der Laubeschen Kapelle in Hamburg und Pawlowsk.

Marx, Joseph M., geb. 1792 in Würzburg, gest. 1836 in Karlsruhe, Schüler Merks in Wien, war Mitglied des Theaterorchesters in Frankfurt a. M., in Stuttgart und erster Cellist, später Musikdirektor in Karlsruhe.

Mathys, Karl, geb. 1. Sept. 1835, Schüler von Joseph Menter, Servais und Coßmann, trat 1854 in die königl. Kapelle in Hannover, seit 1878 erster Violoncellist derselben, mit dem Titel königl. Kammervirtuos.

Meerens, Charles, geb. 26. Dez. 1831 in Brügge, Schüler von Dumon in Gent und von Servais, beschäftigte sich hauptsächlich als Musikschriftsteller auf dem Gebiete der Akustik.

Mensi, Franz, geb. 1753 in Bistra (Böhmen), Schüler Reichas in Prag, war katholischer Geistlicher, daneben trefflicher Cellist und Lehrer für Violoncell.

Menter, Joseph, geb. 1809 in Daudenkofen bei Landshut (Bayern), gest. 1856 in München, wo er Mitglied der Hofkapelle war. Seine Tochter Sophie ist die berühmte Pianistin.

Merk, Joseph, geb. 18. Jan. 1795 in Wien, gest. daselbst 16. Juni 1852, Schüler von Schindlöker, war k. k. Kammermusikus und Lehrer am Konservatorium in Wien. Von seinen Kompositionen sind die „Vingt Exercices“ noch heute als wertvolles Übungsmaterial zu benutzen. M. bildete viel tüchtige Cellisten aus.

Mollenhauer, Heinr., geb. 10. Sept. 1825 in Erfurt, Schüler von Knoop, war drei Jahre Mitglied der königl. Kapelle in Stockholm, ging 1857 nach Amerika und gründete 1867 in Broklyn bei New-York eine Musikschule.

Monhaupt, Carl, geb. 9. März 1856 in Hamburg, Schüler von Katerbaum, seinem Bruder Fritz und von Grützmacher, lebt in Bern als erster Cellist der Konzerte und Lehrer an der Musikschule.

Monhaupt, Fritz, Bruder des Vorigen, geb. 30. Sept. 1846 in Dannenberg (Provinz Hannover), Schüler Grützmachers, von 1872—78 Solocellist in Sondershausen, seitdem in Kassel am königlichen Theater.

Müller, Hippolyt, geb. 16. Mai 1834 in Hildburghausen, gest. 23. Aug. 1876 in München, Schüler Menters, war von 1854 an erster Cellist der Hofkapelle und Lehrer am Konservatorium in München.

Müller, Theodor, geb. 27. Sept. 1802 in Braunschweig, gest. daselbst 22. Mai 1875, Mitglied des berühmten Streichquartetts der Gebrüder Müller. Sein Neffe und Schüler.

Müller, Wilhelm, geb. 1. Juni 1834 in Braunschweig war Cellist des zweiten, jüngeren Müllerschen Quartettes, außerdem in den Kapellen zu Meiningen, Wiesbaden, Rostock thätig, von 1873 an Solocellist der Hofkapelle und Lehrer an der Hochschule in Berlin, ging 1876 nach Amerika.

Müller, Valentin, geb. 14. Febr. 1830 in Münster, Schüler von Menter und Servais, wirkte in Brüssel und Paris, seit 1868 in Frankfurt a. M.

Müntzberger, Joseph, geb. 1769 in Brüssel, gest. 1844 in Paris, woselbst er Mitglied der Hofkapelle und erster Cellist an verschiedenen Theatern war. Schrieb u. a. eine Violoncell-Schule.

Nebelong, Siegfried, geb. in Kopenhagen, Schüler Grützmachers, jetzt Mitglied der Dresdener Hofkapelle.

Neruda, Franz, geb. 3. Dez. in Brünn, Bruder der Violinvirtuosin Wilma N., von 1864—1876 Mitglied der Hofkapelle in Kopenhagen, konzertiert viel in England.

Niederberger, Max, geb. um 1860 in Graz, Schüler von Carl Schröder, lebt in seiner Vaterstadt.

Nochez, geb. zwischen 1720—1730, gest. 1800, Schüler von Cervetto Abaco, war königlicher Kammermusiker in Paris.

Norblin, Louis Pierre Martin, geb. 2. Dez. 1781 in Warschau, gest. 14. Juli 1854 in Frankreich, Schüler von Baudiot und Levasseur am Pariser Konservatorium, war Solocellist der großen Oper und Lehrer am Konservatorium in Paris.

Offenbach, Jaques, geb. 21. Juni 1819 in Cöln, gest. 5. Okt. 1880 in Paris, Schüler des Pariser Konservatoriums unter Vaslin, war Mitglied des Orchesters der komischen Oper, wurde 1847 Kapellmeister am Théâtre français und widmete sich dann ganz der Komposition von Operetten, welche ihren Weg über die ganze Welt machten. Seine Violoncellkompositionen waren und sind noch zum Teil sehr beliebt, hauptsächlich die bekannte „Musette“.

Paque, Guillaume, geb. 24. Juli 1825 in Brüssel, gest. 3. März 1876 in London, Schüler des Brüsseler Konservatoriums unter Demunk, war in Brüssel, Paris, Barcelona und in London thätig, in letzterer Stadt als Solocellist am königlichen Theater und Lehrer an der „London Academy of Musik“. Komponierte mehrere Solostücke für Violoncello.

Petersen, Albert, geb. 23. Okt. in Lübeck, Schüler von Grützmacher, seit 1879 Solocellist in Magdeburg.

Pezze, Alessandro, geb. 1835 in Mailand, Schüler von Merighi am dortigen Konservatorium, war erster Cellist am Theater della Scala daselbst, dann in London am „Her Majestys Theatre“, später an der Philharm. Gesellschaft und im „Covent Gardens.“

Philipsen, Carl, geb. 13. Mai 1843 in Kopenhagen, studierte einige Jahre Medizin, wandte sich aber dann ganz der Musik zu, war 1866—1868 Schüler von Grützmacher, dann bis 1870 Solocellist in Breslau, bis 1873 Kammermusikus in Hannover, darauf in

Berlin an der königlichen Kapelle und Lehrer an dem Kullakschen Konservatorium.

Piatti, Alfredo, geb. 8. Jan. 1822 in Bergamo, Schüler von Merighi am Mailänder Konservatorium, machte große Konzertreisen und wirkt seit 1846 in London. Komponierte mehrere Konzerte, Salonstücke, Etuden ꝛc.

Platel, Nikolas Joseph, geb. 1777 in Versailles, gest. 1835 in Brüssel, Schüler Duports des Jüngeren, wirkte in Berlin, Paris, Holland, und war zuletzt in Brüssel als Lehrer am königlichen Konservatorium thätig. Als solcher bildete er u. a. Batta, Demunk und Servais aus.

Popper, David, geb. 18. Juni 1846 in Prag, Schüler des dortigen Konservatoriums, war von 1868—1873 erster Cellist an der kaiserl. Oper in Wien, reist von da an als Virtuos. Seine Kompositionen sind zur Zeit sehr beliebt.

Prell, Joh. Nicolaus, geb. 1773 in Hamburg, gest. 1849, wirkte in seiner Vaterstadt. Sein Sohn

Prell, Aug. Christian, geb. 1. August 1805, gest. 3. Sept. 1885 in Hanau, Schüler Rombergs, war Kammermusiker in Meiningen und von 1824—1869 erster Cellist der Hofkapelle in Hannover.

Prill, Paul, geb. 1. Okt. 1860 in Berlin, Schüler von Hausmann an der Hochschule, war Solocellist in der Berliner Sinfoniekapelle, bei Bilse, dann Kapellmeister am Wallnertheater. Hierauf wieder erster Cellist an der deutschen Oper in Rotterdam, von 1886 an daselbst Kapellmeister, jetzt in gleicher Eigenschaft am Stadttheater in Hamburg.

Quarenghi, Guglielmo, geb. 1826 in Casalmaggiore, gest. 1882 in Mailand als Domkapellmeister, war vorher erster Violoncellist am Theatre della Scala und Lehrer am Konservatorium daselbst, an welchem er auch ausgebildet wurde.

Radziwill, Ant. Heinr., Fürst, geb. 13. Juni 1775 in Wilna, gest. 7. April 1883 in Berlin, bekannt durch seine Musik zu Goethes „Faust“.

Rauppe, Joh. Georg, geb. 7. Juli 1762 in Stettin, gest. 15. Juni 1814 in Amsterdam, wo er von 1786 an erster Cellist der deutschen Oper war. Sein Lehrer war Duport der Ältere.

Reicha, Joseph, geb. 1746 in Prag, gest. 1795 in Bonn als Mitglied der kurfürstlichen Kapelle.

Reinagle, Joseph, geb. 1762 in Portsmouth, gest. 1836 in Oxford, wirkte in Edinburg, Dublin und London, gab eine Schule und 30 Duette heraus. Sein Bruder

Reinagle, Hugues, geb. 1766 in Portsmouth, jung gest. in Lissabon, war Schüler von Crosdill, komponierte auch Duette und kleinere Solostücke.

Rensburg, Jacques, geb. 22. Mai 1846 in Rotterdam, Schüler von Giese, Daniel de Lange und Hegar, war erster Cellist der Gürzenichkonzerte und Lehrer am Konservatorium in Cöln, mußte eines nervösen Leidens wegen das Violoncellspiel aufgeben und lebt jetzt in Bonn, wo er sich dem Kaufmannsstande gewidmet hat.

Riedel, lebte in der ersten Hälfte des 18. Jahrhunderts, war außer Cellist auch Fechtlehrer, wurde als solcher und als Violoncelllehrer bei Kaiser Peter II. in Petersburg angestellt, wo er noch Mitglied der russischen Hofkapelle war.

Rietz, Julius, geb. 28. Dezember 1812 in Berlin, gest. 12. Sept. in Dresden als Hofkapellmeister, Violoncellschüler von Ganz und Romberg, war Orchestermitglied des Königsstädtischen Theaters in Berlin, dann Musikdirektor in Düsseldorf, 1847 Kapellmeister am Stadttheater in Leipzig, von 1848 an auch Dirigent der Gewandhauskonzerte und Lehrer am Konservatorium, 1860 wurde er Hofkapellmeister in Dresden und Direktor des königlichen Konservatoriums. Schrieb für Violoncell zwei Konzerte.

Ripfel, Carl, geb. 1799, in Mannheim gest. 8. März 1876, war 45 Jahre Mitglied des Frankfurter Theaterorchesters und soll einer der größten Techniker gewesen sein.

Romberg, Bernhard, geb. 11. November 1767 zu Dinklage in Oldenburg, gest. 13. August 1841 in Hamburg, war bis 1793 Mitglied der Kurcölnischen Kapelle in Bonn, nach Auflösung derselben machte er Kunstreisen, ward 1801 Lehrer am Pariser Konservatorium und kehrte 1803 nach Hamburg zurück. 1805 wurde er Solocellist der Berliner Hofkapelle, verließ Berlin wieder bei dem 1806 ausbrechenden Kriege und reiste nach Oesterreich, kehrte nach Abschluß des Tilsiter Friedens wieder zurück nach Berlin, blieb daselbst bis 1810, reiste dann in Polen und Rußland, England, Holland, Belgien, Frankreich, hielt sich darauf zwei Jahre in Moskau auf, stand von 1815—1819 wieder in königl. Diensten zu Berlin, siedelte dann ganz nach Hamburg über. Seine Violincellkompositionen sind als Studienwerke noch teilweis zu benutzen. Sein Neffe und Schüler

Romberg, Cyprian, geb. 28. Okt. 1807 in Hamburg, war erster Cellist der deutschen Oper in Petersburg und ertrank am 14. Okt. 1865 in Hamburg beim Baden in der Elbe.

Rose, Joh. Heinr. Victor, geb. 7. Dezember 1743 in Quedlinburg, Schüler von Grauel und Mara, war Mitglied der Hofkapellen in

Bernburg und Dessau, später, 1772 wurde er Organist in seinem Geburtsorte.

Roth, Philipp, geb. 25. Oktober 1853 in Tarnowitz in Schlesien, Schüler von Wilh. Müller und Hausmann an der Berliner Hochschule, wirkt in Berlin hauptsächlich als Lehrer.

Rousseau, Frédéric, geb. 11. Januar 1755 in Versailles, Schüler von L. Duport, war von 1787—1812 Mitglied des Pariser Opernorchesters, errichtete dann in seiner Vaterstadt eine Musikschule.

Röver, Heinr., geb. 27. Mai 1827 in Wien, gest. 1876, Schüler von Träg.

Rüdel, Albert, geb. 29. Februar 1840 in Wittstock, Schüler von Stahlknecht in Berlin, von 1867 an Kammermusikus und von 1880 an erster Cellist der Berliner Hofkapelle neben Lübeck.

Rüdinger, Fritz Alb. Chr., geb. 1838 in Kopenhagen, Schüler Grützmachers, Mitglied der königl. Kapelle in Kopenhagen seit 1864, erster Cellist derselben und Lehrer am Konservatorium seit 1874.

Sandonati, lebte um 1800 in Verona und war einer der besten damaligen Cellisten.

Sandow, Eugen, geb. 11. Sept. 1856 in Berlin, Schüler Wilhelm Müllers, seit 1879 königl. Kammermusiker.

Schapler, Julius, geb. 21. August 1812 in Graudenz, Schüler von Romberg und Hausmann in Berlin, konzertierte mit Erfolg im Berliner Opernhause und im Leipziger Gewandhause, wurde dann Solocellist in der Wiesbadener Hofkapelle, ging 1848 nach Thorn, wo er lange Zeit als Musiklehrer wirkte, soll jetzt in Berlin leben.

Scheidler, David, geb. 1748, gest. 1802, Mitglied der Hofkapelle in Gotha.

Schenk, Emil, geb. Anfang der sechziger Jahre zu Rochester in Nordamerika, Schüler Grützmachers, war Solocellist der Philharmonischen Konzerte in New-York, lebt jetzt daselbst als Lehrer.

Schetky, Joh. Georg, geb. 1740 in Darmstadt, gest. 1773 in Edinburg, war Mitglied der Darmstädter Hofkapelle, gab diese Stellung 1768 auf und wirkte in Hamburg, London und Edinburg.

Schindlöcker, Philipp, geb. 25. Oktober 1753, gest. 16. April 1827, Schüler Himmelbauers, von 1798 an Solocellist am Wiener Hoftheater.

Schlesinger, Carl, geb. 19. August 1813, war Solocellist in Pest, von 1846 an am kaiserlichen Theater in Wien, später auch Lehrer am dortigen Konservatorium.

Schlick, Conrad, geb. 1759 in Münster, gest. 1828 in Gotha, wo er länger als 40 Jahre Mitglied der Hofkapelle war.

Schönebeck, Carl Siegmund, geb. 26. Oktober 1758 in Lübben, war

1778 Mitglied der Hauskapelle der Grafen Dohna, wurde 1780 Stadtmusikus in Sorau, war dann in verschiedenen Hofkapellen angestellt, betrieb darauf die Landwirtschaft in seiner Heimat, ließ sich jedoch 1800 wieder in Leipzig mit Erfolg hören.

Schrödel, Friedrich, geb. 1754 in Baruth, gest. 16. Januar 1800 in Ballenstedt, Schüler von Rose in Quedlinburg, einer der besten damaligen Cellisten.

Schröder, Alwin, geb. 7. Juni 1855 in Neuhaldensleben, war erst Violinist und Bratschist, als letzterer bereits vom 13. Jahre an im Kammerquartett der Herzogin von Bernburg in Ballenstedt angestellt, später erster Bratschist der Berliner Symphoniekapelle, versuchte sich ohne Anleitung auf dem Violoncell und vertauschte nach einigen Monaten seine Stelle mit der eines ersten Cellisten an derselben Kapelle. Nachdem er noch eine Zeit lang Solocellist bei Laube in Hamburg war, wurde er 1881 erster Cellist der Gewandhauskonzerte und Lehrer am Konservatorium in Leipzig.

Schuberth, Carl, geb. 5. September 1811 in Magdeburg, gest. 22. Juli 1863 in Zürich, Schüler von Dotzauer, machte Kunstreisen nach Dänemark, Belgien, Holland, Frankreich, Rußland, wurde in Petersburg zum Dirigenten der kaiserlichen Kapelle, zum Inspektor der kaiserlichen Hoftheaterlehranstalt und zum Universitätsmusikdirektor ernannt, welche Ämter er bis zu seinem, auf einer Erholungsreise erfolgten Tode bekleidete. Seine vielen Kompositionen für Violoncell und Kammermusik sind bereits veraltet, von seinen Schülern ist Davidow der hervorragendste.

Schulz, Leo, geb. 28. März 1865 in Posen, Schüler von Wilhelm Müller und Hausmann an der Berliner Hochschule, von 1885—86 Solocellist in der Kapelle des Prof. v. Brenner, dann in dem Berliner Philharmonischen Orchester, vom Dezember 1886 an erster Cellist am Leipziger Gewandhaus- und Theaterorchester, ging 1889 nach Boston.

Seligmann, Hippolyte Prosper, geb. 28. Juni 1817 in Paris, Schüler von Norblin, machte viele Kunstreisen.

Servais, Franz Adrien, geb. 6. Juni 1807 in Hal bei Brüssel, gest. daselbst 25. November 1866, Schüler von Platel, konzertierte in fast allen Ländern mit ungewöhnlichem Erfolge, von 1848 an Lehrer am Brüsseler Konservatorium. Von seinen Kompositionen werden einige Phantasien und Variationen noch ab und zu gespielt. Sein Sohn und Schüler

Servais, Joseph, geb. 28. November 1850 in Hal, gest. im August 1885 daselbst, war von 1869—70 an der Weimaraner Hofkapelle, von 1872 an Lehrer am Brüsseler Konservatorium.

Shevioni lebte und wirkte ums Jahr 1800 in Verona als hervorragender Cellist.

Smith, Johannes, geb. 27. Januar 1869 in Arnheim, Schüler von Appy und Grützmacher, konzertiert mit vielem Erfolg in Deutschland.

Stahlknecht, Julius, geb. 17. März 1817 in Posen, Schüler von Wranitzki, seit 1838 Solocellist in der Berliner Hofkapelle, wurde 1881 pensioniert

Stiastny (Stiasny), Bernh. Wenzeslaus, geb. 1770 in Prag, war erster Cellist am dortigen Theater, sein Bruder

Stiastny, Joh., geb. 1774 in Prag, war auch am Prager Theater, später in Nürnberg, Mannheim und England, komponierte viel.

Sulzer, Joseph, geb. 11. Februar 1850 in Wien, Schüler Schlesingers, war Solocellist der italienischen Oper und Lehrer am Konservatorium in Bukarest, 1875 wurde er im Orchester des Wiener Hofoperntheaters angestellt, seit 1880 Solospieler daselbst.

Thalgrün, Stanislaus, geb. 16. August 1843 in Warschau, Mitglied des dortigen Theaterorchesters.

Thieme, August, geb. 11. Juni 1854 in Altenburg, Schüler Lindners, seit 1879 Solocellist in Baden-Baden.

Tillière, Joseph Bonaventure, lebte in der zweiten Hälfte des 18. Jahrhunderts als Solist beim Prinzen von Conti, gab eine Schule und mehrere Duette heraus.

Tolbecque, Auguste, geb. 30. März 1830 in Paris, Schüler Vaslins, seit 1856 in Niort (Deux Sèvres).

Träg, Anton, geb. 1818 in Schwechat bei Wien, gest. daselbst 7. Juli 1860, Schüler Merks, war von 1845—55 Lehrer am Prager Konservatorium.

Tricklir, Jean, geb. 1760 in Dijon, gest. 1813 in Dresden, wo er Mitglied der Hofkapelle von 1783 an war. Einer seiner besten Schüler war Biduax.

Triemer, Joh. Sebald, geb. um 1700 in Weimar, gest. 1762 in Amsterdam, Schüler des Kammermusikus und Kammerdieners Ehlensteins, war 1725—27 Mitglied des Theaterorchesters in Hamburg, wirkte dann in Paris und Amsterdam.

Uber, Alexander, geb. 1783 in Breslau, gest. 1824, Schüler von Joh. Jäger, wurde Kapellmeister, wirkte als solcher in Breslau, Basel u. s. w. Veröffentlichte verschiedene Cellokompositionen.

Udel, Carl, geb. 6. Februar 1844 zu Warasdin in Kroatien, Schüler von Schlesinger in Wien, war Mitglied des Opernorchesters in Pest, seit 1869 in Wien, jetzt Professor am dortigen Konservatorium.

Venzano, Luigi, geb, 1815 in Genua, gest. 1878, Solocellist am

Theater Carlo Felice und Lehrer am Konservatorium, Komponist von Gesangskompositionen, u. a. der bekannten Walzerarie.

Voigt, Carl Ludw., geb. 8. November 1792 in Zeitz, gest. 21. Februar 1831 in Leipzig, wo er Mitglied des Gewandhausorchesters von 1809 an war. Sein Lehrer war Dotzauer.

Vollrath, Richard, geb. 16. Dezember 1848 in Sonneberg, Schüler Grützmachers, seit 1876 erster Cellist in Mainz.

Volxem, S. B. van, geb. 30. November 1817 in Uccleles-Brüxelles, Schüler Platels, wurde Chordirektor am königlichen Theater in Brüssel.

Weigl, Franz Joseph, geb. 19. März 1740 in Bayern, gest. 25. Januar 1820, von 1769—1792 Mitglied des Orchesters der italienischen Oper in Wien, dann Kammermusikus in der kaiserlichen Kapelle. Sein Sohn war der früher berühmte Opernkomponist Joseph Weigl.

Wergbilowitsch, Solo- und Quartettspieler in Petersburg, Schüler von Davidow.

Wendel, Bruno, geb. 17. Dezember 1846, Schüler von Stahlknecht in Berlin, seit 1879 königlicher Kammermusiker daselbst und Lehrer am Sternschen Konservatorium.

Werner, geb. Anfang des 18. Jahrhunderts in Böhmen, gest. 1768 in Prag, wo er bei der Kreuzherrenkirche angestellt war.

Werner, Joseph, geb. 26. Juni 1837 in Würzburg, Schüler von Menter und Grützmacher, Solocellist in der Münchener Hofkapelle und Professor an der Musikschule. Schrieb u. a. eine Violoncellschule.

Whithehouse, Will. Edward, geb. 20. Mai 1859 in London, Schüler von Piatti und Pezza, Lehrer an der „Royal Academie of Music“.

Wihan, Hans, geb. 5. Juni 1855 zu Palitz in Böhmen, Schüler des Prager Konservatoriums und Davidows, von 1880—88 erster Cellist in München, seitdem Professor am Prager Konservatorium.

Wilfert, Bruno, geb. 26. Juli 1836 zu Schmalzgrube in Sachsen, Schüler Grützmachers, erster Cellist am deutschen Landestheater in Prag seit 1864.

Willmann, Maximilian, geb. 1768 in Forchtenberg bei Würzburg, gest. 1812, war Mitglied der Bonner Hofkapelle, später erster Cellist in Wien am Theater an der Wien.

Zumsteeg, Joh. Rud., geb. 10. Januar 1760 zu Sachsenflor im Odenwald, gest. 27. Januar 1802 in Stuttgart, Schüler des württembergischen Hofkapellmeisters und Cellisten Poli, war bis 1792 Mitglied der Stuttgarter Hofkapelle, nach dem Tode Polis Hofkapellmeister daselbst